Visconde da Casa Verde
apresenta

PIADAS
PARA SEMPRE
LIVRO **1**

CORNOS

FAMÍLIA

BICHAS

www.lpm.com.br

L&PM POCKET

Coleção **L&PM** POCKET, vol. 569

Texto de acordo com a nova ortografia.

Primeira edição na Coleção **L&PM** POCKET: 2006
Esta reimpressão: junho de 2012

Produzido e editado por Vogtres edição e design para L&PM Editores
Conceito e edição geral: Antonio Mendes
Capa: Marco Cena
Editoração: Felipe Jaworski
Revisão: Fernanda Lisbôa

C336p

Casa Verde, Visconde da, Pseud.
    Piadas para sempre: livro 1 / Visconde da Casa Verde. – Porto Alegre : L&PM, 2012.
    128 p. ; 18 cm. – (Coleção L&PM POCKET v. 569)

ISBN 978-85-254-1596-7

1.Literatura brasileira-Humor. I.Título. II.Série.

CDU 821.134.3(81)-7

Catalogação elaborada por Izabel A. Merlo, CRB 10/329.

© 2006 by: Visconde da Casa Verde

Todos os direitos desta edição reservados a L&PM Editores
Rua Comendador Coruja 314, loja 9 – Floresta – 90220-180
Porto Alegre – RS – Brasil / Fone: 51.3225.5777 – Fax: 51.3221.5380

Pedidos & Dpto. Comercial: vendas@lpm.com.br
Fale conosco: info@lpm.com.br
www.lpm.com.br

Impresso no Brasil
Inverno de 2012

PIADAS
PARA SEMPRE

LIVRO **1**

Livros do autor na Coleção **L**&**PM** POCKET

Piadas para sempre – Livro 1 (Cornos, família, bichas)
Piadas para sempre – Livro 2 (Médicos, sexo, bêbados)
Piadas para sempre – Livro 3 (Joãozinho, Juquinha e outras molecagens)
Piadas para sempre – Livro 4 (Louco, papagaio, religião, sogra, velhice)

Piadas para sempre

O homem é o único animal que ri. Mas de todos os povos do mundo, o que mais ri é o brasileiro. Tendo praticamente inventado a piada, que nada mais é do que a preservação da comunicação oral da antiguidade, antes da invenção do alfabeto, o brasileiro não perdoa, ri e faz piada em qualquer circunstância. Debocha e esculhamba a si mesmo e aos outros. Os defeitos e as fraquezas dos homens estão na origem de todas as piadas.

Neste primeiro volume de *Piadas para sempre*, que tem como temas os cornos, a família e as bichas, desfilam figuras clássicas do anedotário nacional. A virgem, a trepada, a gostosona do escritório, a broxada, a mulher do melhor amigo, o armário, a velhinha estuprada, o caminhoneiro e a freira, o papai e mamãe e o sessenta e nove estão na essência deste livro.

As piadas desta edição foram recolhidas, pelo Visconde da Casa Verde, em publicações dos últimos quarenta anos, desde almanaques, revistas e jornais antigos, até as páginas atuais da internet.

Toninho Mendes

CORNOS

COM A CASA EM ORDEM ....

O sujeito estava namorando a morena mais gostosa do bairro. Aquela que todo mundo gostaria de dar uns amassos. Logo anunciaram casamento.

Mas, depois de alguns meses de paixão, a rotina tomou conta do casamento.

– Amorzinho – disse a morena –, a torneira da pia está quebrada. Você não vai consertar?

– Eu não! Eu não sou encanador! – respondeu o marido.

Depois de alguns dias:

– Amorzinho, os ladrilhos do banheiro estão soltos. Você não vai consertar?

– Cê tá doida! Eu não sou pedreiro!

Mais alguns dias:

– Amorzinho, a porta de nosso guarda-roupa tá com problema. Você não vai consertar?

– Cê tá maluca! Eu não sou marceneiro!

Um dia, o sujeito teve que ir viajar por uma semana. Quando voltou, encontrou tudo consertado.

– Quem consertou a pia? – perguntou o marido.

– O Ricardo – respondeu a morena.

– E os ladrilhos do banheiro?

– O Ricardo também.

– E a porta de nosso guarda-roupa?

– Ora, o Ricardo.

– Mas onde você arrumou dinheiro para pagar o Ricardo se eu não deixei dinheiro pra você?

– Ah, meu bem, quando eu perguntei como poderia pagar, ele me disse que eu tinha duas opções: ou fazia alguns pasteizinhos ou ia pra cama com ele...

– Aquele ordinário! Eu mato aquele desgraçado! Como e que ele fala assim com você?... Quantos pasteizinhos ele comeu?

– Cê tá louco? Eu não sou cozinheira!!

CHARUTO NÃO

A história já rolava na boca do povo, mas o camarada duvidava que sua esposa estivesse lhe colocando chifres. Um dia, ele chega em casa, a cama está toda desarrumada, a mulher no banheiro e no cinzeiro do quarto um charuto, ainda aceso! O cara entra no banheiro e diz para a mulher:

– Se você quer fumar, amor, tudo bem, eu não me oponho. Mas, por favor, cigarro normal. Eu não suporto cheiro de charuto!

CORNO DESESPERADO

Numa pequena cidade do interior, o português, desesperado, não aguenta mais a gozação dos conhecidos e a fama de chifrudo, sobe no sexto andar daquele prédio que era o mais alto da cidade e grita desesperado:

– Nunca mais vocês vão me gozar! Vou me suicidar! Vou me atirar!

O povo todo lá embaixo, querendo evitar a tragédia, grita:

– Não se atire, seu Joaquim, nós não vamos mais chamar o senhor de "chifronildo"...

Mas ele insistia:

– Não adianta, minha decisão é definitiva! Vou pôr fim a minha vida mesmo...

As pessoas olham para dona Manoela, esposa dele, e pedem a ela:

– Tá vendo? A senhora que aprontou, agora convence ele!

E a portuguesa grita:

– Não te atires aí de cima que tu morres, Joaquim! Não estou a brincar, Joaquim! Não te atires, que tu morres mesmo! Lembre-se que eu te dei um par de chifres... e não um par de asas!

O EXTERMINADOR

O maridão chega em casa, abre o armário e aquela surpresa.

Bom, aí o marido, puto da vida, grita:

– O que é que você tá fazendo aí, cara?

– Calma, é que sua esposa disse que seu armário estava com traças e eu vim exterminá-las!...

– Exterminá-las? Mas tu tá pelado!!!

– Ih... não é que as filhas da puta comeram minha roupa?

PRA ACABAR COM O ESTRESSE

O sujeito chegou no trabalho todo desanimado, no maior bode. O chefe, que o achava um bom funcionário, o chamou para uma conversa e o aconselhou:

– Por que você não faz como eu?! Quando estou assim, vou para casa, tomo aquele banho, dou uma bela trepada com a minha mulher e logo estou me sentindo um outro homem.

O sujeito saiu, disposto a seguir o conselho do chefe. Voltou e no final da tarde chegou com outra cara.

– E aí, deu certo? – perguntou o chefe.
– Se deu! Nunca me senti tão bem! De fato, sua mulher é maravilhosa!

INDIGNAÇÃO

O marido chega em casa e pega um homem debaixo da cama.
– O que este homem está fazendo embaixo da minha cama? – pergunta indignado à esposa.
– Embaixo eu não sei, mas em cima ele é demais!!

EM LONGAS PRESTAÇÕES

O marido vai ao médico do convênio, para um exame rotineiro. Após várias indagações, o doutor pergunta:
– Com que frequência você mantém relações sexuais com a sua mulher?
– Seis ou sete vezes por mês, no máximo!
O médico estranha:
– Espere aí!... sua esposa esteve na última consulta e me disse que pratica sexo umas trinta vezes por semana!
– Ah, mas aí é diferente, isso vai ser assim até liquidarmos as prestações do apartamento!

DURO DE MATAR

Uma mulher muito bonita e gostosíssima começou a sentir umas coceirinhas dentro da vagina e marcou uma consulta com o ginecologista. O maridão, muito do ciumento, foi junto. Quando o médico viu a paciente e o quanto era gostosa, ficou todo animado. Estava com tesão recolhido e logo começou a pensar numa maneira de comer a mulher e foi logo dizendo:

– A senhora pode entrar na sala, por favor; o acompanhante espera.

O marido não deixou barato.

– Nada disso, doutor, eu vim para acompanhá-la e não vou deixá-la sozinha com você, nem fodendo.

O médico concordou e, enquanto fazia as perguntas de praxe, elaborou um plano para comer a gostosa na frente do marido. Disse ao marido que teria que examiná-la, mas para isso ela teria de ficar nua. O marido, por estar ao lado, sentiu-se à vontade e concordou.

Durante o exame ginecológico, abre daqui, alisa dali, o médico morrendo de tesão, colocou seu plano em ação:

– Senhor, a vulva da sua mulher está com um bichinho bem lá no fundo.

Pergunta o marido:

– É grave isto?

– Gravíssimo – responde o doutor. – Se não o tirarmos, pode morder sua mulher e será fatal.

Marido:

– Então tira logo esse bichinho.

E o Doutor:

– Calma, só tem uma maneira para tirá-lo, e cabe a você resolver. Para tirar o bichinho, o senhor tem que deixar o caralho bem duro e meter inteirinho dentro dela. Quando ele morder a cabeça do pau, você tira rápido, e aí nós matamos ele aqui fora e salvamos sua mulher.

Preocupado, o marido responde:

– É, doutor, mas e aí?! Quem pode morrer sou eu.

Médico:

– Se você permitir, eu faço isso. Afinal, sou médico e tenho que zelar pela saúde dos pacientes nem que corra risco de vida.

A essa altura, o cara concordou e pediu para o médico executar logo o serviço.

O médico sacou o pau pra fora, encaixou a cabeça, enfiou todo e deixou o pau parado lá dentro até que o marido desconfiado perguntou:

– O doutor não está demorando muito não?

O médico, tirando o pau devagar, mostra pra ele e diz:

– Tá vendo? O bichinho não mordeu ainda.

E enfia tudo de novo bem fundo. O marido pergunta outra vez e o doutor faz o mesmo gesto, tira, mostra e enfia de novo, tudo bem lentamente. Até que o médico perde o controle e acelera os movimentos de vaivém. Achando aquilo um abuso, o marido intercede:

– Mas, doutor, deste jeito o senhor está fodendo minha mulher, bem na minha frente e me fazendo de idiota.

O médico responde ofegante:

– Como o bichinho não quer morder, o único jeito é matá-lo socado.

PROBLEMAS NO CORAÇÃO..........................

O marido voltou mais cedo de viagem. A mulher estava na cama com o melhor amigo do sujeito. Quando ouviram o som do corno entrando em casa, o sujeito saiu correndo pro banheiro. O marido entrou no quarto e encontrou a mulher ofegante na cama.

– O que você tem, benzinho?

– Não sei, acho que é um enfarte! – respondeu a mulher.

Nisso um dos filhos do casal entra no quarto e fala:
– Pai, tem um moço pelado no banheiro.

O marido vai até o banheiro e encontra o amigo pelado.

– Valdemar, você não tem vergonha! Minha mulher tendo um enfarte e você aí assustando as crianças!

UNIFORMES E ASPIRINAS

O guarda Almeida, estava na sua noite de plantão. O delegado, por um motivo qualquer, o libera antes do horário normal e ele vai pra casa.

Para não acordar a mulher, no maior silêncio, tira bem devagar e com jeito a roupa no escuro. Mas, ao chegar perto da cama, ele tropeça num taco solto e ouve um barulho de lençóis.

– O que foi? Acordei você?

E ela:
– Pois é... Sabe, benzinho, estou com uma terrível dor de cabeça. Você poderia me fazer o favor de ir até a farmácia comprar umas aspirinas?

– Claro, sem dúvida, amor!

Almeida se veste no escuro e vai até a farmácia. O farmacêutico olha para ele espantado:

– O senhor não era o guarda Almeida?
– Como assim? Ainda sou o guarda Almeida!

E o farmacêutico:
– Então, por que o senhor está com uniforme de bombeiro?

SER OU NÃO SER

Sujeito desconfiava que estava sendo traído, mas não queria acreditar que pudesse ser verdade. Contratou um detetive para seguir a esposa suspeita. Dias depois, se encontrou com o profissional para ouvir o relatório:

– Ela entrou num carro – disse o detetive.

– Podia ser alguma amiga – negociou o marido.

– Não. Era um homem que estava no volante. Seguiram para um motel. Eu segui o carro deles.

– Talvez tenham ido só visitar o motel.

– Entraram num quarto. Aluguei um quarto no motel em frente, janela com janela, e fiquei observando. Ela tirou a roupa...

– Talvez estivesse com calor – cortou o maridão.

– O homem também tirou a roupa. Ela deitou-se na cama e ele encaminhou-se para a cama.

– E aí, e aí?

– Aí, nessa hora, infelizmente, não pude ver nada. Antes de se deitar na cama, o homem fechou a janela.

E o marido, coçando a testa.

– Ah, meu Deus. Essa dúvida cruel é que me atormenta.

NOITE DE CHUVA

Depois de sair do escritório, o executivo passa com seu carrão pelo ponto de ônibus. Lá está sua secretária, se molhando na chuva. Ele para e pergunta:

– Você quer uma carona?

– Claro... – responde a moça, entrando no carro.

Quando chega no edifício onde ela mora, na hora de descer ela o convida para entrar:

– Não quer tomar um cafezinho, uma vodca, alguma coisa...

– Não, obrigado, preciso ir para casa.

– Imagine, o senhor foi tão gentil comigo! Suba um pouquinho...

Ele não aguenta e sobe. No apartamento, enquanto ele toma seu drinque, ela desaparece por instantes. Ao voltar, está toda produzida e insinuante. Com umas doses a mais, o cara não resiste: acaba traçando a secretária. Lá pelas cinco da manhã, o executivo acorda e leva o maior susto ao perceber o avançado da hora, e bota avançado nisso. Ao se vestir, descobre um giz de bilhar no bolso do paletó, o coloca atrás da orelha e vai pra casa. Tenta entrar na maciota, mas é inútil, a mulher preocupada está acordada, e espera por ele:

– Muito bonito! Onde o garotão estava até agora?

– Aconteceu o seguinte, minha querida: eu saí do escritório, a minha secretária estava no ponto de ônibus e caía a maior chuva. Dei uma carona pra ela, chegamos na sua casa, ela insistiu para que eu subisse e acabei cedendo. Bebi demais e acabamos na cama. Eu dormi demais e só acordei agora...

– Deixa de ser mentiroso, seu cafajeste! Você estava era jogando bilhar até agora! Olha só... está com um giz na orelha até agora!

UMA MULHERZINHA DE SORTE..................

Pouco tempo depois de casada, a mulher começou a chegar em casa, a cada dia, com uma novidade. Trouxe geladeira, fogão, enceradeira, máquina de lavar roupa, de lavar prato, liquidificador, o diabo.

O marido, que era duro, começou a estranhar. A cada objeto novo, perguntava como foi que ela conseguira. A resposta era sempre a mesma.

– Ganhei no bingo.

Devia ser uma jogadora poderosa e sortuda, pois continuou chegando em casa com novíssimas premiações. O marido ficava um pouco cabreiro com aquele excesso de "sorte", mas não podia entrar de sola, por falta de provas.

Um dia, quando ela se arrumava para sair de casa, descobriu que estava faltando água. Nem uma gota nas torneiras. Nervosa com a situação, começou a reclamar:

– Diabos. Mas logo agora falta água? Logo agora, que eu tenho que sair para o jogo. Desse jeito, vou perder o bingo.

Generoso, o marido se aproxima, com uma bacia de água, que conseguiu com a vizinha:

– Toma, querida. Esse pouquinho aqui deve dar, pelo menos, para você lavar a "cartela".

UM ATLETA DIFERENTE

O sujeito está com a amante, na cama dela, quando percebem o marido chegando. A única saída é pular pela janela. Está caindo uma chuva forte, mas mesmo assim o sujeito pula e cai na rua, no meio de uma maratona.

Ele aproveita o embalo e continua a correr com os outros, que o acham estranho. Afinal de contas, ele está pelado!

Um outro corredor pergunta:

– Você sempre corre assim pelado?

– Sim! – responde o amante. – Dá uma grande sensação de liberdade.

Outro corredor pergunta:

– Mas você sempre corre levando as roupas debaixo dos braços?

O sujeito não se dá por vencido:

– Eu gosto assim. No fim da corrida é só pegar o carro e ir para casa...

Um terceiro corredor insiste:

– Mas você sempre coloca uma camisinha no pau quando corre?

O sujeito responde:

– Só quando está chovendo!

TROTE CAPRICHADO

Com a pulga atrás da orelha, o cara sai em viagem de negócios, mas resolve dar um flagra por telefone.

– Alô, quem fala?
– É a empregada.
– Cadê a patroa?
– Tá com o namorado no quarto.
– Você quer ganhar dez milhões?
– Claro que quero.
– Preste atenção: vai devagarinho na gaveta do escritório, pega o revólver e mata os dois.

Um silêncio na linha. De repente, o cara ouve dois tiros. A empregada volta:

– O que eu faço agora com os corpos?
– Joga na piscina.
– Mas... aqui não tem piscina...
– Ué, aí não é o 4232754981!?

DESASTRE DE TREM

O morto chega no céu e se apresenta:
– Devo minha morte a um trem.
– Acidente?
– Mais ou menos. O marido dela se atrasou e não conseguiu pegar o trem.

VALENTIA MINEIRA

O mineiro estava cansado de ouvir rumores de que sua esposa o traía. Um dia, saiu de casa no horário de sempre para o trabalho. Após a esposa dar adeus e fechar a porta, ele rapidamente sobe até o alto de uma mangueira frondosa, em frente a sua casa, e resolve passar o dia ali, observando o entra e sai de sua casa.

Logo depois, aparece um cidadão, mulato forte, fica em pé justamente embaixo da mangueira, como se esperasse alguém.

Pega uma manga no chão, chupa-a, depois outra etc. E o mineiro lá no alto, só sacando... Nisso, a porta de sua casa se abre e a esposa infiel grita:
– Vem, amor, meu marido saiu!

O carinha joga a última manga no chão e corre pra dentro da casa do mineiro. O mineiro desce da mangueira, furioso:
– Hoje pego os dois no flagra! Hoje vai ter morte aqui nesta casa!

Entra na casa, pega um facão e se depara com o mulato nos seios da sua esposa a se deliciar. Grita o mineiro com a faca na mão:
– Negão, ocê vai morrer!!

O amante, assustado, tira da sua capanga um trezoitão e aponta para o mineirinho:

– Morrer por quê?

E o mineiro:

– Ocê tava chupando manga e agora tá tomando leite... isso mata!!!

PODERIA SER PIOR..

Não importa o tamanho da desgraça, o sujeito sempre diz:

– Poderia ser pior...

Só de sacanagem, um amigo inventa uma história absurda, para ver como ele reage.

– Rapaz, você nem imagina a tragédia que aconteceu com o Helinho! Ao chegar em casa ontem à noite, encontrou a mulher na cama com outro, mandou bala nos dois e depois se matou!

– Isso realmente é terrível – comenta o pessimista –, mas poderia ter sido pior.

– E pode haver algo pior que isso?

– É claro, se isso tivesse acontecido anteontem, eu é que estaria morto...

SORTUDO..

Dizia um amigo:

– Rapaz, eu tenho uma sorte bárbara.

– Ganhaste na loteria?

– Nada disso, seu. Ontem de noite eu vinha saindo de um destes hotéis de alta rotatividade ali na barra justamente na hora em que a minha mulher ia entrando. E ela não me viu...

CHARUTO BOM

Homero chega em casa, vai ao quarto e encontra a esposa deitada com um charuto na mão, fumando distraidamente.

– Em nome de Deus, Sonia, de onde vem esse charuto?

– Não sei, querido, nem consigo imaginar. – E deu uma baforada.

– Sonia, se você não me disser agora mesmo de onde veio esse charuto, prometo arrancar seu fígado!

Ouve-se um barulhinho debaixo da cama e uma voz sumida de homem responde timidamente:

– Veio de Havana, meu caro, de Havana!

CHOPE AMIGO

Casal na cama, na maior empolgação. Toca o telefone e ela vai atender. Na volta, ele pergunta quem era.

– Meu marido, avisando que vai chegar tarde, pois está tomando um chopinho com você.

MEDINDO A TEMPERATURA

O marido saiu de casa pela manhã e deixou a esposa de cama, com febre. Quando voltou, encontrou o médico comendo sua mulher.

– O que é isso?! Que cê tá fazendo em cima da minha mulher?

Disse o médico:

– Fica tranquilo, que não é nada disso que cê tá pensando! Eu sou médico! Tô aqui tirando a temperatura dela!

Disse o marido, já com o revólver na mão:

– Ah é, filho da puta? Tudo bem! Você vai tirar esse negócio de dentro dela. Agora, se esse troço não for de vidro e cheio de risquinhos, você vai morrer, desgraçado!!

COM QUE ROUPA

O marido chega em casa e encontra a mulher deitadona na cama, completamente nua.

– Que aconteceu, Judite? – pergunta.

E ela:

– Nada, Afonso... É que minhas roupas estão tão velhas, desbotadas e rasgadas. Não tenho o que vestir...

E o marido, abrindo o armário:

– Como não? Na semana passada mesmo você comprou três vestidos: olha este azul, este conjunto, o Felipe, o verde...

CORNOS NO CÉU

Depois de sofrer um acidente fatal, o sujeito morre.

Ao chegar no céu, o porteiro lhe dá uma BMW e lhe diz:

– Como nunca traiu sua esposa, tens direito a esse carro pra andar no céu.

O próximo ganhou um chevetinho, porque tinha traído pouco. Outro ganhou um fusquinha, porque tinha traído muito.

Certo dia, o cara do fusquinha vê o da BMW parado na estrada celeste chorando, e vai consolá-lo:

– Como pode você, com um carrão desses, chorando de tristeza, e eu aqui com um fusca, feliz da vida? O que aconteceu?

Imediatamente o da BMW responde:

– É que eu acabei de ver a minha mulher andando de skate...

BALANÇA ESPECIAL

São estranhos os hábitos das pessoas da roça! Um criador de porcos já estava tão acostumado a vendê-los que não usava mais balança para pesá-los. Bastava colocar o porco em cima da própria barriga e o capiau já sabia o peso. Num dia em que os negócios andaram muito bem e ele estava cansado de tanto botar porco em cima da barriga, pede ao filho que vá chamar a esposa, que também fazia a pesagem na barriga. O garoto vai correndo e volta, sem a mãe.

– Uai! E sua mãe, não vem?

– Agora não, pai! Ela está ocupada pesando o vizinho...

LUGAR DE CORNO

Na festa estavam conversando um gaúcho, um goiano, um paulista e um carioca. A sacanagem era contar piadas de gaúcho.

O goiano percebeu que o gaúcho estava ficando chateado e perguntou:

– O que você tem, amigo?

– Bah, tu não sabes! Tive uma mulher que me encheu a cabeça de chifres. Teve até um filho que não era meu!

– Puxa, mas que merda! E o que você fez com a vagabunda?

– Simples, tchê! Primeiro fui ao Rio de Janeiro e larguei a mulherzinha lá. Depois, deixei a criança em São Paulo e me mudei para Goiás.

O pessoal não entendeu nada e então o paulista falou:

– Não entendi, gaúcho.

– Bah, como não? Deixei a vadia no Rio de Janeiro, que é lugar de puta. O bastardinho em São Paulo, lugar de filho da puta, e fui pra Goiânia, que é lugar de corno.

CORNO MAU-CARÁTER ....

A mulher está no sofá no maior arrocho com o amante. De repente, ela fala:

– O meu marido é um filho da puta!

– Por que você tá falando assim do corno?!

– Mas ele é um filho da puta mesmo! Veja só o que ele me aprontou. Ontem, eu estava deitada no sofá vendo televisão, ele chegou e colocou a mão na minha perna.

– Mas eu também estou colocando a mão na sua perna e não sou filho da puta!

– Depois, ele levantou a minha saia.

– Que é que tem? Eu também estou levantando a sua saia e não sou filho da puta!

– Mas, depois, ele tirou a minha calcinha!

– E daí? Eu também estou tirando a sua calcinha e não sou filho da puta!

– Mas, depois, ele me comeu!

– Eu também tô te comendo e não sou filho da puta!

– Mas, depois de me comer, ele me disse que estava com AIDS!

– Filho da puta!

INFIDELIDADE

O casal morre num acidente de carro. Chega no céu e São Pedro faz as perguntas de sempre. No tópico "infidelidade conjugal", para cada pulada de cerca o castigo é uma agulhada. Na listagem celestial aparecem três infidelidades da mulher e ela é espetada três vezes. Aí, pergunta:

– E meu marido?

– Ah! – responde São Pedro. – Ele foi direto para a máquina de costura.

GAROTO VIDENTE

Era um garoto vidente, um verdadeiro prodígio.

Com poucos meses de vida já começou a falar e, com poucos anos, logo começou a prever o que iria acontecer no futuro. Suas previsões eram infalíveis. Um dia, falou que a babá iria ser atropelada e não deu outra: no dia seguinte, a coitada foi realmente atropelada por um ônibus.

Depois o moleque disse que o gatinho ia morrer e, dois dias depois, o bichano foi encontrado duro e seco como um bacalhau, esticadão.

Até que um dia, o iluminado moleque previu o próprio dia em que o pai iria morrer. E ficou todo mundo nervoso, uma vez que ele não tinha errado uma vez sequer até aquele dia. Mas, quando chegou o dia previsto, não aconteceu nada. E toda a família respirou aliviada. O pai, então, foi o que mais gostou. Cantou e dançou muito, abraçou o filho. Só que, no dia seguinte, receberam a notícia de que o vizinho tinha partido desta para a melhor.

PREDESTINADO

Inseguro da vida, o sujeito vai ao psiquiatra:

– Doutor, tô na maior deprê... tenho certeza que minha mulher me trai... eu não consigo superar isso... vivo num tremendo baixo-astral...

– Calma, calma! Vamos começar pelo início... primeiro, vou preencher a sua ficha. Qual o seu nome?

– Cornélio Galhardo.

– Seu signo?

– Capricórnio.

– Sei... e qual foi seu primeiro emprego?

– Eu vim do interior onde comecei a ganhar a vida, levando chifres de boi para a fábrica de berrantes...

– Entendo... e atualmente, o que você faz?

– Sou músico. Eu toco corneta...

– E na sua infância, sua maior diversão era podar as árvores e ficar com os galhos, não é?

– Puxa! Era mesmo! Como o senhor sabe?

– Meu filho, seu caso é clássico! Você não é um corno! Você é um predestinado...

CHIFRE QUEIMADO

Maria Quindim era famosa na cidade. Um dia se casou, marido bom, dedicado, diziam até que ela tinha tomado jeito.

Um dia Maria está em casa, chega o menino mais velho da escola:

– Oi, mãe, que cheiro esquisito de chifre queimado é esse?

– Psiuuu... fala baixo, menino, que seu pai tá com uma febre danada.

PERDEU A MULHER

Encontro de amigos:
– Olá, rapaz, tudo bem?
– Tudo indo.
– E tua mulher, como é que vai?
– Você não soube? A perdi no Terminal Rodoviário.
– Oh, que pena. Foi atropelada?
– Que nada. A piranha fugiu com um motorista.

POUPANÇA EXÓTICA

Recém-casado, o marido previdente, pensando no futuro, faz uma proposta exótica para a esposa:

– Benzinho, vamos fazer uma coisa: toda vez que a gente transar colocamos uma nota de cinco reais nesse cofrinho. É uma maneira diferente de fazermos uma poupança. No final de cada ano a gente abre e vê quanto juntou!

No final do ano, ao abrir o cofrinho, encontra, além das notas de cinco reais, notas de dez e até de cem reais.

– Peraí! O que é isso?! Aqui tem nota de dez e de cem!
– Ué! E você tá pensando que todo mundo ganha uma miséria como você?...

GÊNIO GENEROSO

Um casal jogava golfe num campo magnífico cercado por belíssimas mansões. Logo na quinta tacada o marido disse:

– Querida, tome cuidado ao bater na bola; não vá mandá-la na direção das casas e quebrar uma vidraça. Vai ficar muito caro para consertar.

Não deu outra, a mulher dá a tacada e a bola vai direto para uma janela da casa mais luxuosa.

O marido fica histérico:

– Eu disse para tomar cuidado! E agora? Vamos até lá pedir desculpas e ver o que faremos.

Eles batem à porta e ouvem uma voz:

– Podem entrar.

Eles abrem a porta, o chão está coberto de cacos de vidro e tem uma garrafa quebrada perto da lareira. Um homem sentado no sofá diz:

– Foram vocês que quebraram a minha janela?

– Sim, e queremos pagar o prejuízo – responde o marido.

– De maneira alguma. Quero agradecer-lhes. Sou um gênio e fiquei preso naquela garrafa por séculos. Vocês me libertaram. Posso conceder três desejos. Dou um para cada um de vocês e guardo o terceiro para mim.

– Que legal! – diz o marido. – Quero um milhão de dólares por ano, pelo resto da vida.

– Sem problema. Terás esse dinheiro. E você, o que gostaria de pedir? – diz o gênio para a esposa.

– Quero uma casa em cada país do mundo – ela responde.

– Pode considerar seu desejo realizado – diz o gênio.

– E qual é o seu desejo, gênio? – pergunta o alegre marido.

– Bem, durante todos esse séculos não fiz sexo nenhuma vez. Meu desejo é fazer sexo com sua mulher.

O marido, com um olhar meio sem jeito, diz para a mulher:

— Bem, querida, nós recebemos um monte de dinheiro e ganhamos todas essas casas. Acho que ele não está pedindo muito.

O gênio sobe com a mulher para o quarto e passa duas horas na maior sacanagem. Quando finalmente pararam de transar, o gênio pergunta:

— Quantos anos tem seu marido?

— Trinta e cinco – ela responde.

— E ele ainda acredita em gênios? É espantoso!

CARTÃO-POSTAL

O casal se instala num hotel de luxo, numa estância turística. O camareiro, muito amável, pergunta ao homem:

— Deseja mais alguma coisa, senhor?

— Não, obrigado.

— E sua esposa, não precisa de nada?

— Ah, sim! É verdade! Me arranje um cartão-postal, por favor.

ALMOÇO DO CHEFE

O sujeito resolve dar uma fugidinha na hora do almoço, para ir até em casa dar uma descansadinha. Pede ao colega mais chegado que fique no lugar dele e segure a barra, caso pinte alguma sujeira.

Quando vai se aproximando de casa, percebe que o chefe está saindo de lá, se despedindo da mulher dele com beijinho e tudo mais.

Sem saber o que fazer, volta para o escritório.

— Você não ia dar uma descansadinha em casa? – pergunta o colega escalado para ficar no lugar dele.

– Ia, mas acontece que, ao chegar, me deparei com ele saindo da minha casa. Dei marcha a ré e voltei correndo.

– Por que você fez isso? – pergunta o colega indignado com a traição do chefe.

– Qual é cara? Imagina se o chefe chega aqui e não me encontra?

MARIDO-SURPRESA

Um casal janta num restaurante fino. De repente, o homem se enfia debaixo da mesa. O garçom preocupado pergunta à mulher:

– Perdão, senhora, mas o seu marido está passando mal?

– Não, não! Ele está ótimo! Acaba de entrar no restaurante!

O BARBEIRO

O sujeito entra na barbearia e pergunta:

– Em quanto tempo o senhor pode me atender?

– Só daqui a duas horas – responde o barbeiro.

Ele se manda e volta no dia seguinte, fazendo a mesma pergunta.

O barbeiro olha a agenda e diz:

– Três horas e meia.

Ele se manda e volta no dia seguinte, com a mesma pergunta.

– Uma hora e meia – responde o barbeiro.

A história se repete por vários dias, o barbeiro começa a ficar curioso e manda um ajudante seguir o sujeito. O ajudante volta quinze minutos depois, sem conseguir segurar o riso.

O barbeiro intrigado, pergunta:
– E aí, para onde é que esse sujeito foi?
O ajudante responde:
– Para sua casa!

AS FOTOS NÃO MENTEM

O advogado especialista em divórcios abre a gaveta e tira de lá algumas fotos.

– Sr. Galhardo, o detetive contratado fez o serviço. É triste, mas a sua esposa realmente está tendo um caso.

O marido olha as fotos, feitas às escondidas num motel, balança a cabeça e diz:

– Eu não acredito, não é possível...

– Eu sei que é duro aceitar, Sr. Galhardo, mas as fotos não mentem, basta olhar.

– Eu não acredito, eu não acredito – continua o homem. – Eu não acredito na cara de felicidade da vagabunda...

PATROCÍNIO

O marido chega em casa e encontra um casaco que não é dele na poltrona da sala. Puto, vai até o quarto e abre a porta com o maior chute. Na cama, ao lado da mulher completamente nua, um homem se encolhe todo, escondido debaixo dos lençóis.

– Quem é esse filho da puta? – pergunta à mulher.

– Este filho da puta é quem paga as contas do supermercado, do açougue, da escola das crianças e até a cervejinha que você toma.

E o marido, puxando o cobertor pra cima do cara:

– Então cobre o coitado pra não ficar resfriado.

QUE REUNIÃO

O cara tava desconfiado que a mulher vinha traindo-o com o patrão dela. Resolveu aparecer de surpresa na empresa que ela trabalhava. Chegou lá e o porteiro já peitou ele na entrada.

– Não pode entrar não! O patrão deu ordem que não quer ser perturbado, porque tá numa reunião!

O cara puxou o revólver, botou na cara do porteiro e falou:

– Então cê vai falar pro teu patrão que quem tá aqui é o marido da reunião!

A MULHER DO MÉDICO

O cantor de ópera estava completamente afônico. A garganta inflamada. No dia seguinte, ele tinha uma apresentação muito importante. No meio da noite, bate o desespero e resolve ir à casa de seu médico, que não havia localizado durante o dia. Ao chegar no sobrado, a maior escuridão. Atira uma pedrinha na janela do quarto, que fica no andar superior. A Mulher do médico abre a janela e ele sussurra o mais alto que consegue:

– O doutor está?

A mulher responde:

– Não! Não está! Pode subir!...

O LOIRO E A LOIRA

O marinheiro era loiro, casado com uma mulher tão loira quanto ele. Ao voltar para casa depois de meses em alto-mar, descobre que durante a sua ausência a mulher dera à luz um garotinho mulato. Surpreso, o marinheiro pede explicações à mulher.

– É muito simples – explicou a mulher. – Como eu não tinha leite o suficiente, o bebê teve de ser amamentado por uma mulher preta. Ele nasceu branco, mas pouco a pouco foi escurecendo e acabou assim.

O marido ficou desconfiado e resolveu perguntar para a sua mãe se ela achava possível uma história dessas.

– Claro que é possível – disse sua mãe. – Aconteceu a mesma coisa com você. Como eu também não tinha leite, você foi amamentado por uma vaca. É por isso que você ficou com os chifres desse tamanho.

CASAL INSEPARÁVEL.....................................

Um casalzinho perfeito. Onde um ia, o outro ia junto e vice-versa. Um belo dia, acabaram resolvendo se separar depois de trinta anos de vida em comum. Na hora de assinar o divórcio, o marido comenta:

– Bom... Pelo menos tenho o consolo de saber que nunca me traiu!

– E como é que você tem tanta certeza?

– Ué, o máximo que estivemos separados nesses trinta anos foram aqueles quinze minutos.

E ela, cínica:

– E não dá tempo?

A CIRCULAR ....

Tremenda galinha aquela mulher, dava pra todo mundo e o marido nem desconfiava. Mas, um dia, ele percebeu alguma coisa diferente nela e ficou com a pulga atrás da orelha. Mesmo assim, resolvendo manter a linha, mandou uma carta pro cidadão de quem ele desconfiava:

"Tendo tomado conhecimento de suas relações com minha esposa, convido-o a comparecer amanhã, às dez horas, ao meu escritório para um entendimento mútuo".

A resposta:

"Recebi sua circular e lamento não poder participar da assembleia. Por isso, concordarei com o que for decidido pela maioria".

O DESCONHECIDO

– Meu! Corre na sua casa! Sua mulher está lá transando com um amigo seu!

O infeliz sai correndo, com o revólver na mão, pronto para matar. Logo está de volta na maior tranquilidade:

– Mas você é mentiroso, hein? Que amigo o quê! Eu nem conheço o cara!

MUITO CUIDADO

Conversa no cabeleireiro entre duas madames:

– Estou precisando tomar o maior cuidado para não engravidar!

– Ué, mas eu pensei que o seu marido tinha feito vasectomia!

OLHOS FECHADOS

Depois de anos de casado, finalmente nasce o filho de um certo Cornélio. Passam algumas semanas, ele leva o bebê ao médico e se queixa:

– Doutor, meu filho tem algum problema! Já faz seis semanas que o garoto nasceu e ainda não abriu o olho.

O médico nem precisou examinar. Assim que bateu o olho na criança, descobriu que se tratava de um bebezinho mestiço, filho de japonês, e disse pro pai:

– Olha, rapaz, quem devia ter ficado com olhos bem abertos era você!...

CARECA SEMELHANTE

Os dois vizinhos viviam se estranhando. Um dia, um encontra o outro no bar, dá um tapão na careca dele e comenta:

– Porra, como tá lisa essa careca! Até parece a bunda da minha mulher.

– Você tem razão... tá parecendo mesmo.

SEPARAÇÃO

– Vou me separar do Antônio – berrou a esposa do Antônio, indignada.

– Separar? Mas por quê? – quis saber a amiga.

E a esposa, na bucha:

– Não posso continuar vivendo com um homem que eu tenho certeza que é um corno.

A VIAGEM

Depois de apenas um mês de casada, a jovem esposa procura a mãe, desconsolada.

– Ah, mamãe, o Pedro me bateu!

– O Pedro? Pensei que ele estivesse viajando – comenta a mãe, espantada.

E a filha, chorando:

– Eu também, mamãe. Também pensei que ele estivesse viajando.

BOAS E MÁS NOTÍCIAS

Lá vinha o Moisés descendo do monte, com as Tábuas da Lei embaixo dos braços, e uma multidão o aguardava apreensiva:

– E aí, profeta? Como foi?

– A maior batalha. Tenho boas e más notícias.

– As boas primeiro!

– Consegui reduzir os mandamentos de trinta para dez.

– E as más notícias?

– Não consegui livrar a cara do adultério.

SEGREDO DE CONFESSIONÁRIO

O sujeito era companheiro de pescaria do padre. Ele nunca pegava nada e o padre voltava abarrotado de peixes, e dos graúdos. Um dia, cisma e pergunta pro padre de onde é que vem tanta sorte. O padre lhe responde:

– Olha, eu vou te contar porque você é parceiro, mas não conte isso nunca para ninguém! Segredo de confessionário!

– Fique tranquilo. Guardar segredo é comigo mesmo!

O sacerdote conta, então, o seu truque:

– Antes de vir pescar, eu vou à casa de uma certa mulher e passo a mão na xoxotinha dela, aí eu passo o anzol nessa mão...

Na próxima pescaria, o sujeito procura a esposa e a encontra no jardim, virada de costas, saia bem curta com as coxas de fora cuidando das roseiras. Ele chega por trás e coloca a mão na xoxotinha e fica alisando pra pegar bem o cheiro. Sem se virar, ela diz, com voz maliciosa:

– Vai pescar de novo, padre?

CORNO 120

Corno 120 é o marido que fica lá no bar tomando uma 51, enquanto a mulher dele fica na cama com o vizinho fazendo um 69!

CARTA ANÔNIMA

Ricardo estava abatido e preocupado, cabisbaixo, com uma carta na mão. Nisso, chegou seu melhor amigo e percebeu sua tristeza:

– O que foi, rapaz?

– O marido dela me escreveu uma carta. Diz que vai me matar se eu não parar de frequentar o apartamento deles.

– Ô, cara, não me leve a mal, mas é que você tem tantas amantes, será que não daria para deixar essa daí de lado, já que a situação ficou tão perigosa para o seu lado?

– O problema é justamente este.

– Qual?

– O cara não assinou a carta.

CORNO E FOFOQUEIRO

Depois de muito tempo parado, o sujeito consegue um emprego. No primeiro dia de trabalho, é cumprimentado pelo novo patrão:

– Seja bem-vindo, corno.

Fica intrigado, pensa até em partir para a violência, mas lembra dos tempos em que ficou sem emprego e resolve engolir o sapo. Dia seguinte, oito da matina, lá vem o safado do patrão:

– Bom dia, corno!

Depois de uma semana, resolveu se queixar com a mulher. Explicou tudo e disse que estava pensando em voltar para a rua da amargura, porque não ia aguentar por muito tempo aquele desaforo. A mulher, sensata, o aconselhou a segurar a barra, aturar o patrão, pois em tempos bicudos ninguém pode se dar ao luxo de perder o emprego. Concordou com a patroa e foi para o trabalho no dia seguinte, disposto a não aceitar a provocação.

Mal entrou no escritório, e já deu de cara com o debochado do patrão batendo o pezinho no chão:

– Bonito, hein, seu corno? Além de corno, é fofoqueiro.

FORA DE USO

Sem paixão alguma, cada um para seu lado, dormindo em camas separadas já há um ano, o casal ia empurrando com a barriga até que um dia o marido volta de viagem e dá de cara com um mendigo comendo sua mulher na sua própria cama.

Indignado, reclama:

– Mas, Elizabete... Me traindo em nossa própria casa?

E a mulher, com cara de pouco caso:

– É que esse coitado bateu à nossa porta e perguntou se eu não podia dar pra ele alguma coisa que você não usasse mais.

DEFUNTO QUENTE

O compadre foi visitar a comadre no dia da morte do marido dela (o compadre dele, certo?). Tinha o maior tesão pela comadre e achou que não podia perder tempo:

– Vem aqui na cama comigo, comadre, vamos dar uma trepadinha.

A comadre pediu um tempo:
– Peraí, compadre, o defunto do falecido ainda está quente.

E o compadre, mais tarado ainda:
– Então, vamos dar uma voltinha, enquanto o compadre esfria.

PIOR SURDO

O responsável por uma seção de cartas sentimentais num jornal recebeu o seguinte texto: "Sou surdo. Minha mulher passa as noites conversando com um primo dela que vai lá em casa diariamente. Riem, brincam, bebem um pouco, dão tapinhas um no outro e eu não entendo nada. Não consigo entender o que está acontecendo? Por que não me explicam? O senhor acha que devo desconfiar de alguma coisa?".

Resposta: "Meu caro, o pior surdo é aquele que não quer ver".

MUNDO MACHISTA

O jovem casal discutia numa praia do Caribe.
– Este mundo é injusto – dizia a mulher, muito irritada. – É tudo contra a mulher. Este definitivamente é um mundo machista!

– Machista, por quê? – perguntou o garotão, calmo e bronzeado.

– E você ainda pergunta? Você dá umas voltinhas por aí e consegue enganar vários maridos. Eu, por mais que me esforce, só consigo enganar um!

NO ELEVADOR

O amante, como penúltima tentativa de se salvar do flagrante de adultério, escondeu-se no armário. Quando o marido, desconfiado, abriu a porta do armário, o amante tentou a última e disse:

– Sobe!

CORTE E COSTURA

O sujeito aparece no bar todo arrebentado.

– Minha nossa, o que te aconteceu? – pergunta um amigo.

– Foi pregando um botão.

– Pregando um botão, como assim?

E o cara:

– Eu explico: você sabe que eu moro numa pensão. Quando eu estava para sair pro serviço, descobri que faltava um botão na braguilha. Pedi pra dona da pensão me arranjar um botão. Ela arranjou. Pedi uma linha e uma agulha. Ela arranjou. Mas aí eu disse que não sabia pregar e ela disse que pregava pra mim, que era coisa à toa. Aí eu fui pro quarto tirar as calças e ela disse que não precisava, que pregava assim mesmo e se ajoelhou no chão. Quando ela acabou de pregar, tinha que cortar a linha. E você sabe como as mulheres cortam a linha, dão aquele nozinho e cortam com os dentes. Pois foi justo nessa hora que o marido dela apareceu na sala.

CONHECIMENTOS GERAIS

O marido chega em casa possesso e grita para a esposa:

– Marlene, eu sei de tudo!

A mulher, deitada, nem levanta a cabeça, mas pergunta:

– Ah, é, seu sabichão? Então me diga qual é a capital do Uzbequistão!

CONFISSÕES

No confessionário, a mulher abre o jogo, meio sem jeito:

– Seu padre, o senhor me conhece há tempos, sempre fui fiel ao meu marido, nunca o traí durante toda a minha vida. Mas acontece que apareceu por aqui um cara irresistível que me fez pecar. Sabe como é, a carne é fraca...

E o padre, chateado pela conduta daquela mulher que sempre tinha sido fiel aos mandamentos da Igreja, dá a penitência:

– Você agiu muito mal, minha filha... Reze dez ave-marias e deixe dez reais na sacristia para as obras da Igreja.

No dia seguinte, apareceu outra mulher na igreja, que contou:

– Padre, sempre procurei ser fiel ao meu marido, mas desta vez não deu para aguentar, apareceu um rapaz tão bem apessoado, com uma fala tão mansa, muito atencioso... Que me fez pecar pela primeira vez na minha vida. Ele é irresistível.

O padre, já preocupado com o caso, dá a penitência à infiel.

– E deixe dez reais na sacristia para as obras da igreja – acrescenta.

E, nos dias que seguiram, foi aquela romaria ao confessionário. Mais e muitas mulheres vinham contando a mesma história, que o cara era incrível, um gatão, lindo, tinham dado duas vezes no mesmo dia etc...

Até que um belo dia aparece o dito cujo, o próprio irresistível, querendo levar um papo com o padre, que pergunta:

– Ah, então resolveu vir aqui confessar seus pecados, não é?

E o cara:

– Não é bem isso, padre. Vim avisar que, se o senhor tá a fim de terminar a reforma da igreja, tem que me dar 50% de comissão dos donativos, senão mudo de paróquia.

VAI PARA O KAMA SUTRA

No clube, estavam lá só os homens falando sobre as várias posições pra trepar. E veio o papai e mamãe, claro, o meia-nove, a chave de perna etc. De repente, um cara diz:

– Tem a transa rodeio.

– Essa eu não conheço, como é!

– É o seguinte: você pega sua mulher por trás e, durante o ato, sussurra no ouvidinho dela: "Hum, que perfume delicioso, é igual ao da minha secretária". Depois disso, tente se manter em cima dela por oito segundos.

FILÉ DE VEZ EM QUANDO

O velhinho sexagenário resolveu se casar com uma menina de dezoito anos.

A cidade toda se escandaliza, comentando. Um amigo resolveu dar uns conselhos, disse que ele não tinha mais idade pra dar conta do recado e podia acabar com um belo par de chifres na cabeça. Mas o velho não desistia. E o amigo fez a última tentativa para persuadir o noivo:

– Por que você não casa com a Amélia, que é bem mais vivida, compreensiva e não vai lhe dar problemas? Vai cuidar de você muito bem.

E o velho:

– Olha, você pode até estar certo... Mas eu ainda prefiro traçar um filé de vez em quando com os amigos do que comer pelanca sozinho.

SEGURANÇA MÁXIMA

O sujeito está andando de carro calmamente por aquela estradinha do sítio, quando aparece um homem mascarado, de revólver na mão. Apavorado, o cara desce do carro e vai logo dizendo:

– Tudo bem, pode levar a grana e o carro, mas não me mate.

E o assaltante:

– Não é bem isso, não vou fazer nada com você, desde que faça direitinho o que eu mandar. Seguinte: abaixa as calças e bate uma punheta.

O motorista fica sem jeito, mas obedece. Quando terminou, o bandido encosta o revólver na cabeça do cara e manda:

– Muito bem, agora, bate outra punheta..

Apesar de todo o medo, ele bate outra punheta, até gozar.

Quando terminou, lá vem o revólver na cabeça de novo:

– Agora, trata de bater outra, bem depressa.

E, pela terceira vez, teve que obedecer. Já suando frio e bastante cansado, o cara bateu outra e conseguiu gozar de novo. Nisso, o bandido faz um sinal e aparece uma garota lindíssima, boazuda, que estava escondida no mato. Ele se vira para ela e diz:

– Pronto, querida. Agora, você pode pegar uma carona com ele.

FAMÍLIA

MENINO OU MENINA

Os dois bebês se encontram no berçário. Aí, um pergunta pro outro:
– E você já sabe se é menino ou menina?
– Não sei.
E o primeiro, mais espertinho, diz:
– Deixa a enfermeira sair que eu vou ver se você é homem ou mulher.
– Como e que você vai fazer?
– Deixa comigo
A enfermeira sai. O bebê mais espertinho olha prum lado, olha pro outro, suspende o cobertorzinho do bebê vizinho, abaixa depressa e informa:
– Você é menina.
– Como é que você sabe?
– Eu vi seu sapatinho cor-de-rosa.

AMÉM

Ao ver o amigo casado há tanto tempo, o sujeito, indignado, lhe pergunta o segredo.
– Ora, meu caro, é muito simples! Nos primeiros quinze dias do mês, eu deixo a minha mulher fazer o que ela quiser.
– E nos outros quinze?
– Aí eu faço o que ela quiser!

DANDO UMA AJUDA

Casal em litígio procura a Vara de Família para negociar a separação. Dias depois, o marido volta lá para saber qual decisão que o juiz tomou a respeito da pensão alimentícia.

– Bem, seu fulano – diz o magistrado –, resolvi conceder o desquite à sua mulher e dar a ela uma pensão mensal de dois mil reais.

E o cara de pau do marido, sem perder a esportiva:

– Ótimo, seu juiz. Pode ir dando os dois mil. Quando eu puder, de vez em quando, ajudo com uma graninha também.

CRIANÇA PERDIDA

Final de ano, shopping lotado. O garoto descobre que tá perdido e, desesperado, encontra um dos seguranças e pergunta:

– Seu guarda, o senhor não viu uma mulher passar por aqui sem um garotinho como eu?

CONCHA DESAPARECIDA

O solteirão convida a mãe para jantar na casa dele. A velha nota que a empregada é bem apanhada, atraente e sensual. Imagina que tá rolando alguma coisa entre a moça e o filho. Lendo os pensamentos da mãe, o cara diz:

– Eu sei o que você deve estar pensando, mãe, mas lhe asseguro que meu relacionamento com a doméstica é estritamente profissional!

Passa uma semana e a empregada comenta:

– Desde quando fizemos o jantar para sua mãe, não encontrei mais a concha de sopa. Acho que ela levou por engano.

– Bom, duvido, mas mesmo assim vou mandar uma mensagem, só pra ter certeza.

E ele escreve: "Mãe, não estou querendo dizer que a senhora pegou a concha de sopa aqui de casa, mas o fato é nunca mais a vi, desde o dia em que a senhora jantou em casa".

Alguns dias depois, ele recebe a resposta:

"Filhinho querido, não quero dizer que você dorme com a empregada, mas o que acontece é que, se ela dormisse na própria cama, com certeza já teria encontrado a concha que lá deixei".

SABOR QUE DELATA

O casal de adolescentes está namorando na sala da casa da garota. A libido vai pegando fogo – aperta aqui, alisa ali, bulina acolá –, de repente a mãe da moça chama da cozinha:

– Venham, a comida tá na mesa!

Os dois dão uma disfarçada e vão para a cozinha. O garoto experimenta um bolinho ainda quente e, pra fazer uma média com mãe da menina, comenta:

– Huuuum! Que delícia! Adoro bolinho de bacalhau!

A mulher se espanta:

– Bacalhau? Mas os bolinhos são de batata!

SÓ MAIS UMA

Um sujeito vai ao médico, que lhe dá uma péssima notícia.

– Você tem seis horas de vida.

O sujeito fica desesperado, vai pra casa e resolve gastar o tempo que resta de vida fazendo sexo com sua mulher.

Fazem sexo uma vez. Ele pede pra repetirem, e eles fazem sexo mais uma vez. Ele pede de novo e eles fazem sexo pela terceira vez.

– Ah, meu amor, – pede ele – nós vamos dar uma quarta?

– Ah, Valdemar, chega! Eu tenho que acordar cedo amanhã de manhã. Você, não!

PAPAI CARECA...

Durante o jantar, Joãozinho conversa com a mãe:

– Mamãe, por que é que o papai é careca?

– Ora, filhinho... Porque ele pensa em muitas coisas ao mesmo tempo e é muito inteligente!

– Então, por que é que você tem tanto cabelo?

– Fica quieto e come a sopa, menino!

TUDO PUTA ....

Ia a mãe com sua filhinha, de táxi por uma zona muito suspeita da cidade, quando a menina notou as moças rodando bolsinha na calçada.

– Mãe, que é que essas moças estão fazendo aí na calçada?

– Bem, minha filha... é... quer dizer, elas estão esperando os maridinhos delas voltarem do trabalho.

– Que é isso minha senhora? – entrou na conversa o motorista. – Fala a verdade com a menina. Isto aí são prostitutas, menina. Tudo puta!!!

A mãe ficou vermelhíssima, mas a menina nem notou e continuou perguntando:

– E elas têm filhos, mãe?

– Têm sim, minha filha.
– E o que é que os filhos delas fazem, mãe?
– Dirigem táxi, minha filha!

MÃE ORGULHOSA

Dois anos depois de ter deixado a cidadezinha do interior e se mudar para a capital, a mocinha finalmente recebe a visita dos pais no seu luxuoso apartamento.

Encantada com a moradia da filha, a mãe não se aguenta:

– Minha filha, estou orgulhosa de você! – comenta a mãe. – E pensar que chegaste aqui com uma mão na frente e outra atrás! Como conseguiu tudo isso?

– Foi simples. Primeiro tirei uma mão da frente, e depois a outra de trás.

TRABALHO EM EQUIPE

Ao chegar em casa depois do trabalho, a mãe quer saber dos filhos o que eles fizeram durante a tarde. As respostas vêm em sequência, uma atrás da outra.

Mariazinha:
– Eu lavei os pratos.
Lurdinha:
– Eu enxuguei.
Juquinha:
– E eu apanhei os cacos.

OBEDECENDO ORDENS

– Mãe, não consigo decidir se me caso com o contador ou com o militar – disse a jovem.

– Não há o que pensar, minha filha – respondeu a mãe. – Case-se com o militar, é claro. Esse pessoal sabe cozinhar, fazer a cama e obedecer a ordens.

GENTILEZA À PARTE

O velho pai estava mostrando ao filho suas fotografias. De repente, aparece uma onde ele, o pai, estava sentado numa cadeira, de perninhas cruzadas, e a mãe, em pé, ao lado, com a carinha muito sem graça.

– Ei, pai – falou o filho – que negócio é esse?
– O que, meu filho?
– Essa foto aqui. O senhor não estava sendo gentil, papai. Afinal, o senhor é quem devia estar de pé e a mamãe sentada.
– Ah, meu filho – disse o pai –, é que essa foto nós tiramos na lua de mel. Sua mãe não podia se assentar, e eu não me aguentava em pé.

O FILHO DO PASTOR

O filho rebelde de um dedicado pastor presbiteriano acaba de completar dezoito anos e conversa com o pai:

– Sabe, papai, já estou na autoescola. Quando tirar a carteira, o senhor me empresta o carro de vez em quando?

E o pai:

– Vamos fazer o seguinte: se você passar no vestibular, não faltar nos cultos dominicais e cortar os cabelos, deixo você usar o carro.

O garoto ficou muito entusiasmado. No mês seguinte, tudo o que o garoto fazia era estudar e rezar. Quando seu nome saiu na lista dos aprovados no vestibular, foi procurar o pai:

– Parabéns, estou orgulhoso de você – diz o pai. – Não faltou a nenhum culto e passou no vestibular. Só não cortou os cabelos...

– Sabe o que é, papai? Estive pensando... Moisés tinha cabelos compridos, Abraão tinha cabelos compridos e até Jesus tinha cabelos compridos...

– Sim, você está certíssimo, meu filho! Só que eles andavam a pé!

SEM TEMPO

O cara grosseiro chega em casa reclamando:

– Porra, essa é a terceira vez que eu chego em casa esta semana e o jantar não está na mesa! A terceira vez! Assim não é possível!

A mulher não aguenta e explode:

– Não tem jantar mesmo! Nós temos quatro filhos! Eu tenho que dar banho neles, vestir eles, dar comida pra eles, lavar a casa, a roupa, a louça! Eu não tenho tempo pra nada! Não tenho tempo nem pra limpar a bunda!

Ele então fala:

– Isso é outra coisa que eu queria conversar com você!

TRÊS FILHAS, TRÊS DESTINOS

A mãe fala sobre o casamento de suas três filhas:

– A primeira, casou-se com um balconista. A segunda, com um motorista. E a terceira, a mais bonita, com um banqueiro.

– E qual dos três casais é mais feliz?

– Os dois primeiros, porque vivem às custas do terceiro!

PAU NO CURSO

A garota veio do interior, pra fazer um curso de corte e costura, na capital. Após seis meses de curso, foi reprovada no exame final.

Muito chateada, foi então ao correio e passou um telegrama pra mãe, com os seguintes dizeres:

"Mamãe... levei pau no corte... parto breve!"

ADOLESCENTE

Era um adolescente típico. Não estava nem aí para nada. Não trabalhava. Não estudava direito. Não queria saber de nada. Dormia durante o dia e passava noites inteiras curtindo na internet. Aquilo era demais!

– Meu filho, estou muito preocupado. Você já tem quinze anos! O que você quer da vida? Você sabe o que Abraham Lincoln fazia quando tinha a sua idade?

O filho responde:

– Na minha idade, eu não sei. Mas na sua, ele era o presidente dos EUA.

FAZENDO PIPI

O velho milionário, conservador e austero, tinha um filho que o deixava muito preocupado. Um dia, resolveu chamar o rapaz para uma conversa muito séria, em particular.

Pegaram o carrão do velho durão – mas pai extremoso – e saíram para dar uma volta. Quando o velho resolveu abrir a boca, o mancebo exclamou:

– Pápi, por favor, fecha o vidro que meu cabelo está tooodo eriçado.

O velho não perdeu a linha e, tenso, fechou o vidro. Respirou fundo e ia iniciar a conversação, quando o rapazinho voltou a interromper:

– Pápi, quer jogar fora esse charuto horroroso, que deteeesto cheiro de charuto!

O velho ficou emputecido, mas concordou. Deu outra respirada e já ia falar, quando o donzelo se adiantou e pediu:

– Pápi, por favor, pede ao chofer para parar o carro que eu quero fazer pipi.

O chofer abriu a porta, o rapaz desceu todo lânguido e se dirigiu para a beira da estrada. O velho sacou do revólver, engatilhou a arma, apoiou seu cotovelo na porta e apontou para o rapaz que ia pro matinho, fazer seu pipi.

– Não faça isso! – berrou o chofer. – Não mate o menino!

– Calma – falou o velho. – Tou só esperando. Se ele se agachar, eu mato!

CONFISSÃO

A mulher jaz moribunda na cama. Chama o marido, pega sua mão e fala com dificuldade:

– João, meu querido marido... eu tenho que te confessar uma coisa, neste momento que estou quase indo...

– Não, meu bem, agora está tudo esquecido. Nada mais importa – responde o marido.

– Não, João, eu não posso morrer com esse segredo, eu tenho que te revelar João, eu dormi com o Alfredo, seu melhor amigo.

– Eu sei, meu bem – respondeu o marido. – E por que você acha que eu te envenenei?

CALE-SE PARA SEMPRE

Casamento na igreja. O padre faz a pergunta clássica:

– Há alguém aqui que saiba de algum fato que possa impedir a realização desse casamento?

Um dos convidados sussurra para o que está ao seu lado:

– Eu sei...

E o outro, também sussurrando:

– Por que você não fala?

Responde o primeiro, entre os dentes:

– Você tá louco? Se falar, sou eu quem vai ter que casar.

URGÊNCIA

A mulher liga aflita para o médico:

– Doutor, meu filho acaba de engolir minha pílula anticoncepcional. Que é que eu faço?

E o médico:

– Diz pro seu marido usar um preservativo.

MÃE DE SEIS

Um certo rapaz tinha o maior orgulho de sua prole: seis filhos. Vivia tão cheio de si, que, apesar dos protestos da mulher, apelidou-a de "Mãe de Seis".

Uma noite, na festa de aniversário de um amigo, ele grita para a mulher, do outro lado da sala, cheia de convidados:

– Vamos indo, "Mãe de Seis"?

Furiosa ela dá o troco:

– Agora mesmo, "Pai de Três"!

NOSTALGIA

Um casal de velhinhos combina que, ao completarem cinquenta anos de casados, eles retornarão à cidadezinha onde se conheceram, irão ao sítio onde sempre iam passear, e farão amor embaixo da mesma árvore onde fizeram a primeira vez, apoiados na mesma cerquinha.

Nas bodas de ouro, viajam para a cidade natal, vão passear no mesmo sítio e, por incrível que pareça, encontram intactos a árvore e a cerca do amor. Parece até que o cenário daquela noite nunca foi desfeito.

Excitados, os dois tiram toda a roupa, a velhinha se inclina para frente, segurando na cerquinha, e o velhinho vem por trás. O que eles não sabem é que estão sendo observados à distância por um casal de jovens empregados do sítio. O velhinho tá já no maior pique, mandando ver freneticamente na velhinha. O casal de jovens fica admirado com o vigor dos dois anciãos.

O negócio vai longe: a velhinha segurando na cerca, o velho por trás, os dois urrando como animais, num movimento constante, sincronizado, cheio de volúpia.

Quando finalmente terminam, cai cada um para um lado e ficam lá, nus, deitados na relva, ofegantes. O casal de jovens se aproxima e o rapaz fala pros velhinhos:

– Os senhores perdoem nosso atrevimento, mas nós não pudemos deixar de observá-los! Nós estamos impressionados! Como é possível, com a idade dos senhores, ter tanta disposição?!

Ainda tremendo, a velhinha balbucia, com a voz bem fraquinha:

– Que disposição, o quê! A gente não sabia que a cerca agora está eletrificada!

FINAL DE FESTA

A garota tinha ido a um aniversário e chegou em casa às seis da manhã. Tirou os sapatos para não fazer barulho, mas deu de cara com a mãe, que a esperava preocupada.

– Minha filha! – a mãe gritou e abraçou a garota, desesperada. – Onde você esteve? Já liguei para todo o mundo, teus amigos e colegas, e estava quase ligando para a polícia! Por que você demorou tanto?

– Ai, mãe, você nem vai acreditar, mas eu estava saindo da festa, quando apareceu um homem lindo, elegante, todo perfumado que sacou uma arma e disse:
– Ou dá ou morre!

– Meu Deus do céu! – exclamou a mãe enquanto rezava. – E o que você fez, minha filha?

– É claro que eu morri!

TIRO CERTEIRO

O fazendeiro apareceu no hospital da cidadezinha mais próxima, trazendo um rapaz ferido com um tiro na bunda. O médico foi lá socorrer o rapaz, que gemia adoidado, deitado de bruços, com uma mocinha segurando um pano com água salgada em cima do lugar do tiro.

– Quem é o rapaz? – perguntou o médico.
– Meu genro – respondeu o fazendeiro.
– E a mocinha?
– Minha filha, ora.
– Claro, claro. E o que foi que houve com o rapaz?
– Levou um tiro no traseiro.
– E quem deu o tiro?

– Eu.

– Mas, o senhor! O senhor teve coragem de dar um tiro no seu genro?

– Bom – disse o fazendeiro –, quando eu dei o tiro ele ainda não era meu genro.

LEMBRANCINHA

Senhor Borges era um tremendo gozador. Certo dia, sua esposa estava indo para a Inglaterra, em uma viagem de negócios, e lhe perguntou:

– Você quer que eu traga uma lembrancinha?

– Quero! – respondeu ele, em tom de brincadeira. – Me traz uma inglezinha! Ha, ha, ha!

A esposa embarcou para Londres.

Uma semana depois ela está de volta. E o espertinho:

– Oi, Silvana, meu bem! Lembrou de trazer minha inglezinha? Ha, ha, ha!

– Olha, eu tentei bastante! Agora vamos ver se nasce uma menina!

CORTE PROFUNDO

O Juquinha está no banheiro, assistindo a sua mãe tomar banho. De repente, pergunta:

– O que é isso, mãe?

E aponta para o meio das pernas. Desconcertada, a mãe tenta explicar:

– Bem, isso aqui é que... mamãe era pequenininha e estava vendo o papai cortar lenha para nossa lareira. De repente, o machado escapou do cabo e me atingiu aqui, fazendo esse talho.

– Puxa, mãe. Que azar! Logo na buceta?

ZOMBAM DE MIM

De manhã, o pai bate na porta do quarto do filho:
– Acorda, meu filho. Acorda, que está na hora de ir para o colégio.

Lá de dentro, estremunhado, o filho respondeu:
– Pai, eu hoje não vou ao colégio. E não vou por três razões: primeiro, porque eu estou morto de sono; segundo, porque eu detesto aquele colégio; terceiro, porque os meninos zombam de mim.

E o pai respondeu lá de fora:
– Você tem que ir, exatamente, por três razões: primeiro, porque você tem um dever a cumprir; segundo porque você já tem 45 anos; terceiro, porque você é o diretor do colégio.

GANHEI NA LOTERIA

O Senhor Almeida Lopes chega correndo em casa e exclama para sua mulher:
– Isolina, pode fazer as malas! Ganhei na loteria!

A mulher, feliz da vida, pergunta:
– Que legal!!! É para pegar roupa de inverno ou verão?

– Pegue todas. Você vai embora!!!

PRA FICAR MAIS BONITA

A Mariazinha olha a tia, que está se embonecando em frente ao espelho, e pergunta:
– Tia, por que você pinta os olhos, passa batom nos lábios e tanta maquiagem no rosto?
– Pra ficar mais bonita, meu bem.
– E por que não fica?

SÓ PRA CONFUNDIR

O Juquinha chega atrasado na escola. A professora, que já anda cheia dos seus constantes atrasos, chama-o para uma prova oral no ato:

– Juquinha! O que é que tem asas, bico, faz piu-piu, voa e tem dois chifres?

– Não sei, professora.

– É passarinho, seu bobo. Eu botei os chifres só para confundir. Zero!

No outro dia, a professora se atrasa um pouco. Ao chegar na classe, o Juquinha já vai gritando:

– Chamada oral, professora! O que é que é comprido, roliço, tem a cabeça vermelha, duas bolas embaixo e as mulheres adoram pôr na boca?

– Juquinha!

– É batom, professora. As duas bolas eu botei só pra confundir.

O ENCONTRO

Duas socialites conversam animadamente.

– Você, Malu, nunca mais encontrou seu ex-marido?

– Outro dia mesmo a gente se encontrou, mas foi por puro acaso.

– Mesmo? Onde?

– Na coluna social: eu na linha de cima e ele na de baixo!

FULANO DE QUÊ?

No hospital, a jovem mãe consultava afoita a lista telefônica quando a enfermeira perguntou:

– Posso ajudá-la?
– Estou procurando um nome para meu filho.
A enfermeira, solícita:
– Ah, é isso? Mas nós temos aqui uma lista com uns quinhentos nomes para crianças.
E a mãe:
– O menino já tem nome, enfermeira. Estou procurando é um sobrenome.

DENTE POR DENTE

– Ele me jogou primeiro – explicou Carlinhos quando sua mãe o repreendeu por ter jogado uma pedra noutro menino.
– Por que você não veio me dizer, em vez de jogar outra nele?
– Que adiantaria? – replicou Carlos. – A senhora não acertaria nem num elefante!

DUAS HISTORINHAS

Quatro horas da madrugada, a menina acorda e vê a mãe sentada no sofá.
– Mamãe, perdi o sono, me conta um historinha?
– Não, filhinha, espera o papai! Assim que ele chegar, vai ter que contar duas historinhas, uma pra você e outra pra mim...

COMIDA BOA PRA CACHORRO

Gersoney chega em casa depois do trabalho e encontra a mulher, péssima cozinheira, chorando num canto:
– Querida, o que houve?

– Snif... ah, querido, eu fiz aquela receita de bolo de carne para você... sniff... Mas o cachorro... comeu... buááá!!!

E o marido:

– Ah, meu bem, não fica assim. Amanhã eu compro outro cachorro pra você!

MOEDA DE UM

Um rico fazendeiro casou-se com uma mulher muito pobre e deu casa, carro e emprego para a família dela.

Todos ficaram muito felizes: pai, mãe e irmãos.

Um dia, a mulher procurou seus familiares e disse:

– Não aguento mais meu marido, acho que vou me separar dele.

O pai indagou:

– Ele é um homem bom, filha, ele te ama e te respeita!

– Meu marido só quer fazer sexo anal, eu não aguento mais. Não posso abaixar para pegar nada que lá vem ele. Quando me casei, meu cuzinho parecia uma moeda de dez centavos, agora parece uma moeda de um real.

– Filha, você vai arrumar encrenca por causa de noventa centavos?

PRESENTÃO

– O que você gostaria de ganhar de Natal? – a mãe pergunta para a filha de sete anos.

– Um preservativo.

– Preservativo?!

– É que eu já tenho cinco bonecas e não quero ter mais nenhuma!

PERGUNTA FORA DE HORA..........................

O filho aborda o pai no café da manhã:

– Papai, me explica uma coisa.

– O que foi, filho? Pode perguntar.

– Papai, o que é clitóris?

– Poxa, filho! Mas logo agora que estou apressado? Por que não perguntou ontem à noite? A resposta estava na ponta da língua!

O CONDENADO..

Uma mulher acompanha o marido ao consultório médico, onde ele se submete a um checkup completo. Após a bateria de exames, o médico chama a mulher para conversar:

– Minha senhora, seu marido está com um estresse profundo. Se a senhora não seguir as recomendações que vou lhe passar, ele vai empacotar. A senhora deve tratá-lo de maneira gentil e afável. Comece pelo café da manhã bem reforçado, com frutas, vitaminas, cereais. No almoço, faça uma refeição balanceada e diferente a cada dia, variando entre a comida japonesa, francesa etc. Para o jantar, um acepipe mais leve, mas igualmente saudável, sempre regado com muito carinho e atenção. Não contrarie suas vontades, mantenha cervejas geladas no freezer e não o atrapalhe na hora em que ele estiver assistindo a um jogo de futebol na TV.

Na saída do consultório, o cara pergunta para a mulher:

– E aí, o que o médico disse?

– Ele disse que você vai morrer.

CARA A CARA

Os dois irmãos viviam brigando.

– Minha barba era igual à sua, um dia eu percebi o quanto ela era ridícula e cortei!

E o outro:

– A minha cara era igual à sua e como eu não podia cortá-la, resolvi deixar crescer a barba!

AFEIÇÃO

Estava lá o casalzinho de namorados no sofá da sala, tarde da noite, crente que os velhos estavam dormindo.

Lá pelas tantas, o velho levanta para beber água e resolve conferir de onde vêm os gemidos:

– Posso saber o que vocês estão fazendo aí?

– Nada, sogrão, eu tava só mostrando minha afeição pela sua filha – diz o namorado, sem jeito.

E o sogro, sutil feito um trator:

– Estou vendo que sua afeição é grande, meu rapaz. Por isso mesmo é que você não deveria estar tentando colocá-la no rabo da menina.

REALIDADE VIRTUAL

Um garoto interpela o pai:

– Paiê, o que é realidade virtual?

– Bem, isso é uma coisa difícil de explicar – responde o pai. – Vamos ver um exemplo: vá perguntar à sua irmã se por quinhentos reais ela é capaz de dormir com o vizinho aqui do lado.

O garoto estranha, mas faz o que o pai lhe sugere. Logo depois, volta com o resultado da consulta à irmã:

– A mana falou que por quinhentas pratas transava com o vizinho!

Então o pai manda ele fazer a mesma pergunta pra mãe. O garoto obedece e volta com a resposta:

– Paiê! A mãe também disse que toparia!

– Tá vendo, meu filho? Virtualmente nós temos mil reais aqui em casa. Mas, na realidade, temos duas putas.

DEFUNTO VIVO

Ariovaldo vinha todo sujo pela estrada, quando encontra um amigo:

– O que houve, Ariovaldo?

– Rapaize, tô vindo do enterro da minha sogra. Que desgraceira!

– E esse monte de terra na roupa?

– É que a danada da velha não queria ser enterrada de jeito nenhum!!!

DISCUSSÃO

O marido chega em casa cheio de esparadrapo no rosto. A mulher comenta:

– Você não aprende, hein? Discutiu política com o barbeiro de novo!

ABANDONO DE LAR

Uma mulher com catorze filhos vai ao advogado e pede divórcio de seu marido por abandono de lar.

– Quando ele a abandonou?

– Treze anos atrás – responde a mulher, calmamente.

— Mas, se ele a deixou há treze anos, de onde vêm esses filhos todos?

— Bem – gagueja a mulher –, é que ele continuou aparecendo lá em casa todo ano pra pedir perdão.

GAROTO ESPERTO

A mamãe tinha dado dinheiro pro menino botar a carta no correio. Quando ele voltou, chupando um sorvete, ela estranhou:

— Eu te dei o dinheiro à conta de você botar a carta no correio. Como você comprou esse sorvete?

— Eu olhei lá dentro do correio, estava todo o pessoal distraído, eu meti a carta no buraco e saí correndo.

O PRESENTE

— No aniversário de nosso casamento, eu dei um anel de brilhantes pra minha patroa! – comenta um sujeito com o amigo.

— Você endoidou, meu? – retruca o outro. – Isso é muito caro! Por que não deu a ela uma televisão?

— E onde eu ia arrumar uma televisão falsa, meu caro?...

NOITES DE INSÔNIA

O sujeito chega no consultório do psiquiatra e desabafa:

— Doutor, preciso da sua ajuda! Acho que estou enlouquecendo! Faz três noites que não durmo!

— O que o deixa tão preocupado?

— Dinheiro, Doutor!!!

– Ah! Mas é muito fácil. É só o senhor não pensar mais no assunto. Outro dia esteve aqui um rapaz que não conseguia dormir por causa das dívidas que tinha com seu tio. Falei pra ele que o tio é que deveria ficar preocupado, já que tinha dinheiro pra receber. Daí em diante, ele passou a dormir tranquilo!

– Pois é, doutor, era o meu sobrinho!

RECEITA SELVAGEM

Dois canibais conversando:
– Eu não sei mais o que fazer com a minha mulher!
– Se você quiser, te empresto o meu livro de receitas!

FIFI A GASOLINA

O menininho voltou da escola e pediu à mãe pra levar a cahorrinha Princesa pra passear.

– Ah, meu filho, hoje não vai dar porque a nossa cachorrinha está no cio.

– O que é cio mamãe?

– O seu pai está na garagem, vai lá perguntar pra ele.

O menino foi até a garagem.

– Pai, eu quero levar a Princesa para passear, mas a mamãe disse que ela não pode, porque está no cio.

O papai estava mexendo no motor do carro e resolveu ajudar o filho. Pegou uma estopa, encheu de gasolina e passou na xoxotinha da cadelinha.

– Não se preocupe, que agora a Princesa pode passear sem nenhum cachorro importuná-la.

O menino foi passear e vinte minutos depois voltou sem a cadela.

– Ué, cadê a Princesa? – a mãe estranhou.

– Ah, ela ficou sem gasolina a uns dois quarteirões daqui. Mas não se preocupe não, que o cachorro do vizinho tá empurrando ela até aqui.

VEIO A PÉ OU DE TREM?

O menininho chegou perto do pai e, com o olhar supersério, perguntou:

– Pai, de onde eu vim?

"Ih caralho", pensou o pai, "chegou o momento que eu temia. Como é que eu vou explicar para ele, ai meu Deus!".

– Bom, meu filho – começou o pai, e ficou meia hora falando dos passarinhos, abelhinhas, dos abelhinhos etc. e tal. O menino, supersério, ouvia tudo atentamente. O pai acabou a explicação e perguntou:

– Entendeu? Mas por que você me perguntou isso?

– Eu queria saber, porque o Zezinho, filho do vizinho, disse que veio de Uberaba.

O FARMACÊUTICO

O adolescente entra na farmácia e pede uma camisinha. O farmacêutico o olha com um ar irônico. O garoto vai se explicando:

– Eu vou jantar na casa da minha namorada e, já viu, de repente, rola um clima, então é melhor estar preparado!

Enquanto o farmacêutico vai buscar o preservativo, ele pensa melhor e pede:

– Olha, quer saber? Me vê logo duas! A irmã dela é uma gata e vai jantar com a gente também! Aí, sei lá, né, vai que ela também entra na minha. Melhor garantir!

E, pensando mais um pouco, completa:

– Faz o seguinte: embrulha três! Ouvi dizer que a mãe delas é uma coroa enxutona e que é chegada num garotão! Nunca se sabe, né?

Na hora do jantar o sujeito passa todo o tempo sem proferir uma palavra. Na hora da sobremesa, a namorada lhe sussurra:

– Pô, bem! Por que você não falou com ninguém até agora? Eu não sabia que você era tão tímido!

– E eu não sabia que seu pai era farmacêutico!...

FIDELIDADE

O garoto pega seus pais no maior beijo na cozinha e sapeca:

– Ah, safadinho, hein, pai? Vou contar pra empregada que você está beijando a mamãe!

NA BOATE

Sensível e tímida, a mulher recém-casada reclama pro marido:

– Você não tem a menor consideração. Imagine... me levar naquela boate onde todo mundo ficou me olhando. Tá na cara que você é freguês habitual... O garçom te chamou de "meu amigo" e o manobrista de "meu chapa"... Você deve ter levado mil amantes pra lá. Eles vão pensar que eu também sou uma dessas sirigaitas.

– Que nada, coração. Todo mundo percebeu que somos casados.

– Como assim?

E o marido, com a maior cara de pau:

– Eu conferi a conta antes de pagar!

PARA MORRER EM PAZ

Um casal tinha quatro filhos homens. Os três mais velhos eram altos, ruivos e de pele clara, enquanto o mais novo tinha cabelo preto, olhos escuros e era baixo. Após uma longa doença, o pai estava em seu leito de morte. Virando-se para a mulher, perguntou, num sussurro:

– Querida, antes de eu morrer, seja sincera comigo. Nosso caçula é mesmo meu filho?

A mulher respondeu carinhosamente:

– Juro por tudo que há de mais sagrado que sim.

Com isso, o homem morreu em paz. A mulher fechou-lhe os olhos e murmurou:

– Graças a Deus que ele não perguntou sobre os outros!

ROMEU E JULIETA

Uma senhora chega à bilheteria do cinema e pede:
– Quero dois ingressos.
E o bilheteiro pergunta:
– Para Romeu e Julieta?
– Não, para mim e para o meu marido!

OS IRMÃOZINHOS

A mãe de Joãozinho volta do hospital para casa logo depois de ter parido gêmeos e é recebida pelo filho:

– Mamãe, mamãe! Contei para a professora que tive um irmãozinho e ela me liberou das últimas aulas.

– Mas por que você não contou que eram dois?

– Eu não sou trouxa, mãe! O outro irmãozinho eu reservei pra semana que vem!

BOLETIM ASSUSTADOR

Assim que Joãozinho chega da escola, o pai o interpela:
– Quero ver o seu boletim!
– Infelizmente não vai dar!
– Como não vai dar?!
– É que eu emprestei para um amigo... ele queria dar um susto no pai dele!

NÃO VALE NADA

Naquela cidadezinha, o alto-falante não parava de anunciar:
– Venham ver a vaca fenômeno! Não percam, hoje, último dia para conhecer a vaca fenômeno! Apenas cinquenta reais!
O bêbado, molambento, pergunta pro porteiro?
– Por que essa vaca aí é fenômeno?
– É fenômeno porque ela tem uma xoxota igualzinha duma mulher!
E o bêbado:
– Ai, caraio, não entendo mais porra nenhuma! A da minha mulher é igual à de uma vaca e ninguém dá nada por ela!

TUDO FOFOCA

A mãe vira-se para a filha adolescente e comenta:
– Minha filha, as vizinhas comentam que você está transando com o seu namorado, é verdade?
– Imagina, mãe! Essas suas amigas são um bando de fofoqueiras! Só por que a gente transa com um carinha, já começam a dizer que é namorado!

MILIONÁRIO

Duas mulheres conversando:

– O meu marido me abandonou, me tratou como se eu fosse uma cachorra!... ele é um ingrato! Foi graças a mim que ele ficou milionário!

– Antes de casar ele não era milionário?

– Não, antes de casar ele era multimilionário!

TALENTO MUSICAL

Em uma roda de amigos, Duarte, pai coruja, comentava o talento musical da filha:

– Vocês precisam ver a Carolina. Está estudando violino e até ganhou uma bolsa de estudos na Europa!

Um dos amigos perguntou:

– Do governo?

– Não, dos vizinhos.

REINCIDÊNCIA

– Jandira, vamos até o Pico do Jaraguá?

– Que é isso, seu Antônio, o senhor podia ser meu pai!

– Podia. Mas não sou. Sua mãe também não quis ir comigo até o Pico do Jaraguá há dezoito anos atrás.

DIARREIA NOTURNA

– Mamãe, o papai tá com diarreia? – pergunta o menininho bem cedo.

– Não, meu filho.

– Pensei.

– E pensou por quê, meu filho?

– Por causa de ontem à noite.

– Ontem à noite? O que houve ontem à noite?

– É que passei diante do quarto de vocês e ouvi a senhora falando assim pra ele: "Lá vem você com essa merda mole novamente".

COMIDA ESTRAGADA

Uma adolescente muito gostosa vomita e passa mal no meio da rua, amparada pela mamãe. Preocupado, um senhor educado para e pergunta:

– Foi comida, não foi?
– Foi sim – respondeu a mãe. – Mas vai casar!

O MELHOR AMIGO

Suspeitando da fidelidade da mulher, Teodoro contratou um detetive particular para segui-la. Uma semana depois, o detetive deu a ficha toda:

– Infelizmente, Teodoro, tua mulher está te traindo com teu melhor amigo.

No dia seguinte, o cachorro da família apareceu morto.

HOMEM SEM VÍCIO

André saiu do escritório e foi abordado na rua por um mendigo, que lhe disse:

– O senhor pode me dar uns trocados?
– Pra quê? Para você entrar no primeiro bar e encher a cara?
– Eu nunca bebi na minha vida – diz o mendigo.
– Então, no mínimo, é para sair por aí jogando!
– Não. Eu também nunca joguei.
– Ah, já sei, só pode ser pra gastar com a mulherada.

– Imagina! – diz o mendigo. – Eu nunca transei na vida.

– Tudo bem, tome dez reais. Mas, antes, vamos até a minha casa.

– Sua casa?

– Eu quero mostrar à minha mulher o que pode acontecer com um homem sem vícios.

HOMEM CASADO

– O senhor não gostaria de fazer uma surpresa e levar algumas flores para a mulher que ama de verdade? – perguntou a florista ao cavalheiro de meia-idade que passava na rua.

– O que é isso, senhorita, mais respeito! Eu sou um homem casado, ouviu?

LOIRA OXIGENADA

Bastante desconfiada e rabugenta, a mulher foi mostrar o paletó ao marido:

– O que significa esse cabelo loiro no seu casaco?

O maridão, muito calmo:

– Significa que ele não é lavado desde o tempo em que você oxigenava os cabelos, querida.

O CUNHADO

A viúva recente, atendendo a um pedido do falecido, vai morar com o cunhado jovem, atlético, solteiro, um gatão. Dormiram sob o mesmo teto durante um ano e nada. Até que, numa noite de sábado, o maior calor, ao chegar em casa, a viúva encontra o cunhado no quarto e vai logo pedindo, sem hesitar:

– Tire o meu vestido, por favor:

O cunhado cumpre a ordem imediatamente.

– Tire as minhas meias... os sapatos... meu sutiã... e, agora a minha calcinha.

O cunhado obedece.

– Basta! E nunca mais se atreva a vestir as minhas roupas.

BILHETES

O casal vivia brigando e ultimamente só se comunicava por bilhetinhos. Certa noite, a mulher acha um recado do marido: "Por favor, me acorde às 7 da manhã".

No dia seguinte, o marido acorda com o sol alto, espia o relógio e pula da cama, muito puto. Em cima do criado mudo, a mulher tinha deixado o seguinte bilhete: "São 7 horas. Acorde".

PIU-PIU

Sujeito muito conservador e moralista resolveu procurar uma noiva para contrair núpcias. Mas fazia uma exigência: além de virgem, era fundamental que a moça não tivesse qualquer experiência, sequer conhecesse o peru. O teste de seleção ele fazia botando o pau pra fora e mostrando à moça logo no primeiro encontro.

– Como é o nome disto?

– Pica.

– Você não serve para mim.

E partia imediatamente pra outra, sempre mostrando o bicho e fazendo a pergunta. Algumas respostas que ouviu:

– Caceta.
– Manjuba.
– Trolha.
– Piroca.

Nenhuma servia para ser a esposa do babacão. Todas muito experientes, segundo ele. Um dia, conheceu uma bem inocente, com ar de santa, que tinha tudo para dar certo.

– Como é o nome disto?
– É piu-piu – responde a virgem pura.
– Piu-piu? Que gracinha. Que belezinha. Como você é purazinha.

Casou o mais rápido que pôde e partiu para a lua de mel. Na hora do "vamos lá", ele resolveu abrir o jogo:
– Escuta, querida, agora vou te contar uma coisa. O nome disto aqui não é piu-piu não, viu, bobinha? É caralho!

E a santinha, na bucha:
– É piu-piu, sim. Caralho é o do meu primo, que dá três desse aí!

ESQUECIMENTO

O Juquinha subiu até o velho e empoeirado quarto da vovó e foi bater um papinho com ela:
– Vovó, o que é um amante?

A avó leva um puta susto, bate na testa e diz:
– Minha virgem do céu!

Levanta-se toda apressadinha, sai se arrastando até um velho guarda-roupas cheio de teias de aranha, poeira e sujeira em geral, abre as portas rangentes e cai de lá de dentro um esqueleto.

DINHEIRO EMPRESTADO

Comenta Pedro com um amigo:
– Todo dia, minha mulher me pede dinheiro emprestado. Um dia 300, no dia seguinte mais 200, no outro, 600...
– Nossa! – exclama o amigo. – E o que ela faz com tanto dinheiro?
– Sei lá. Eu nunca dei mesmo!

CACHAÇA DA BOA

Casal passeando na pracinha da cidade, quando se depara com um quadro assustador: um bêbado caído no chão, garrafa de pinga do lado, roupa rasgada e o detalhe, de pau duro.

O marido tentou puxar a mulher pelo braço, tentou tomar a frente, mas não adiantou. Ela não tirava o olho da exuberância do pinguço. Sem ter o que dizer, o marido tentou dar uma de moralista:

– Veja, querida, o que a bebida faz com um homem. É capaz de deixar o sujeito assim, largado, caído na rua, roupas rasgadas...

A mulher não deixou nem ele acabar a pregação:
– Mas bem que você podia acordar esse bêbado e perguntar qual é a cachaça que ele bebe. Se ela fizer você ficar assim que nem ele, eu aguento qualquer porre seu.

VASECTOMIA

– Meu marido resolveu fazer uma vasectomia depois de uma reunião de família. As crianças votaram a favor por quinze a dois.

PELE DE PÊSSEGO

Conversa entre o tímido e a assanhada:

– Diga-me, querido Arnaldo, você não acha que meus olhos são como pérolas no oceano?

– Ah..., sim, claro.

– E meus cabelos macios não fazem você se lembrar dos fios de seda?

– Sim.

– Minhas mãos, Arnaldo, não são suaves como a pele de um pêssego?

– Claro!

– Ah, querido, como eu gosto quando você diz essas coisas tão lindas para mim!

DISPARO ACIDENTAL

Mulher acusada de assassinar o marido sendo interrogada pelo delegado:

– Como foi o crime?

– Não foi crime. Foi um acidente – responde ela.

E o policial, bestificado:

– Acidente? Todos os catorze tiros?

PODEMOS DANÇAR

O garoto foi tirar pra dançar uma moça por quem ele estava absolutamente apaixonado, tarado, mas ela não dava a menor bola pra ele, pois era muito novinho, quase adolescente.

– Quer me dar o prazer desta dança, senhorita?

– Desculpe, mas eu não danço com criança.

– Perdão, senhora! – disse o rapaz. – Eu não sabia que a senhora estava grávida.

HORA DE IR DORMIR

O menino estava vendo televisão, tarde da noite. A mãe já tinha mandado o moleque ir pra cama não sei quantas vezes, até perder a paciência:

– Vai dormir, menino. Vai dormir.

E o sacaninha, na maior cara de pau:

– Mãe, não grite comigo, não sou seu marido.

PROBLEMAS NA CABEÇA

Dois amigos se encontram na rua depois de muito tempo sem se encontrar.

– Como vai a sua esposa?

– A cabeça dela me preocupa.

– A velha enxaqueca de sempre?

– Não, é que toda hora ela compra um chapéu novo!

BOA NOTÍCIA

Terminada a festa de casamento, o casal enfrenta uma viagem pela estrada, até que finalmente chegam ao hotel onde iriam passar a lua de mel. Para o noivinho, seria a grande noite, pois tinha preservado a noivinha para fazer tudo depois do casamento.

Mas, quando começaram a tirar a roupa, ele notou que a noivinha estava com uma cara estranha.

– Que foi, querida, aconteceu alguma coisa?

– Sabe o que é amor... preciso te confessar uma coisa...

– O que é? Conta logo.

– É que antes de te conhecer, eu fazia striptease num teatrinho...

Depois de um tempo enorme de silêncio, o noivinho, completamente desolado, diz:

– Nunca imaginei que você fosse capaz disso. Que falta de vergonha na cara, ficar pelada na frente de um monte de marmanjo. Pra dizer a verdade, eu preferia mil vezes que você fosse uma puta.

– É mesmo? Preferia mesmo? Então, tenho uma boa notícia pra te dar...

SIMPATIA DOMÉSTICA

A Ivone era cheia dos truques e simpatias para com os filhos. Para acabar com o soluço, por exemplo, ela amarrava uma fita com medalhinha no pipi do bebê. E sempre tinha dado certo. Um dia, o marido cai na farra, e chega no maior porre, soluçando que nem um desgraçado. Um barulhão, acordando a casa toda. Ela não teve dúvidas, pegou uma fitona com uma medalhona e amarrou no bimbo do marido que dormiu como um nenê.

Na manhã seguinte, quando acorda, na maior ressaca, ouve:

– Por onde você andou, seu safado?

E ele:

– Ah, isso eu não me lembro. Só sei que tirei o primeiro lugar.

A OUTRA

Superdesanimado da vida e tristonho, Josué é interpelado por um amigo, que quer saber o motivo daquela prostração. Ele explica:

– Estou casado há 32 anos e apaixonado pela mesma mulher.

– Ora, Josué, isto é maravilhoso!
– Maravilhoso? Se a minha mulher descobre, ela é capaz de me matar!

A REVELAÇÃO

O calor tava de rachar o cimento da calçada e o Roberto vira-se pra mulher e diz:
– Nossa, que calor! Acho que eu vou lá fora lavar o carro, pelado.
E a mulher:
– Acho bom você pensar melhor... senão todo mundo vai achar que eu casei com você pelo dinheiro.

DIREITOS IGUAIS

Um empregado vivia, puto da vida porque trabalhava junto com o filho do patrão, que vivia coçando, e ele tinha que resolver todos os pepinos. Um dia, não aguentou mais e foi reivindicar seus direitos:
– Tudo bom, seu Elias... Ele é seu filho, pode até ficar fazendo mole por aí. Mas, já que eu trabalho que nem um burro de carga, o senhor não acha que mereço pelo menos o mesmo salário?
E o seu Elias:
– Ah, é? E você deixa eu fazer com sua mãe o que eu faço com a mãe dele?

TRAPÉZIO

No circo, duas mulheres conversam no intervalo do ensaio de seus respectivos números.
– Não consigo entender como você pôde se casar com aquele crápula!

E a outra, indignada:

– Não teve jeito, queridinha. Quando ele pediu a minha mão, eu estava passando de um trapézio para o outro!

PROMESSAS

Os namorados:

– Se você fosse o dono da lua, me daria metade dela?

– Claro que sim, minha querida...

– E se o céu fosse seu, daria um pedaço enorme só pra mim?

– Certamente, amor...

– E se você tivesse mil alqueires de terra, me daria quinhentos?

– Isso não!

– Por quê? – perguntou a namorada, decepcionada.

– Porque eu tenho mil alqueires de terra.

COISAS QUE ACONTECEM

Edu, todo feliz, chega em casa e anuncia ao pai que vai se casar.

– Muito bem, muito bem, e quem é a felizarda?

– A Sueli, filha do seu Adriano.

O pai fica pálido:

– Meu filho, eu preciso lhe contar uma coisa. Você não pode se casar com ela. Na verdade, a Sueli é sua irmã. É que... Bem, certa vez o Adriano viajou, eu fui lá e... Bem, você sabe, né? Sabe como são essas coisas...

O rapaz leva um choque. Inconformado, vai para o quarto e se debulha em lágrimas. A mãe aparece para consolar o filho. Ao saber do motivo do choro, conforta-o:

– Não esquenta, não, filho. Pode casar à vontade. Na verdade, ela não é sua irmã. É que, certa vez, seu pai viajou e... Bem, você sabe, né? Sabe como são essas coisas...

SETENTA

– Quantas relações sexuais um casal pode ter por noite? – pergunta um menino ao outro.
– Não sei – o outro responde.
– Setenta.
– Setenta, cara? Tudo isso?
– Um papai e mamãe e um sessenta e nove.

JOGOU E PERDEU

O sujeito está na frente do cassino, chorando desesperadamente, segurando uma caixinha na mão. Passa um amigo, que pergunta, preocupado:

– Que que aconteceu, Danilo?
– Minha vida acabou, quero morrer – apertando a caixinha entre as mãos.
– Nossa! Já sei, você perdeu uma nota no jogo, não é?
– Acertou.
– Mas não é pra tanto, tudo se resolve. E quanto foi, um milhão? – pergunta o cara.
– Que nada, muito mais.
– Mais? Quanto, cinco milhões?
– Imagina, se fossem só cinco milhões, você acha que eu estaria desse jeito?
– Puta merda, mais ainda? Dez milhões?
– Que nada, muito mais.
– Cinquenta?

– Muito, muito mais.
– Caralho, quanto, então?
– Cem milhões – diz o outro, desolado.
– Puta que pariu! Se eu perdesse cem milhões, minha mulher me capava. Cortava os bagos – diz o amigo.

E o cara, ainda chorando:
– E o que é que você acha que eu tenho dentro desta caixinha?

BOM MARIDO

Dona Célia estava com algumas amigas em casa e resolveu gabar-se das qualidades do seu marido:
– Ele é muito bom, me trata muito bem, faz um planejamento financeiro ótimo aqui em casa, não deixa faltar nada. A única coisa que me desagrada nele é que é sifilítico.

As amigas ficaram boquiabertas. Nesse exato momento, o marido colocou a cara pela porta da sala e berrou:
– Filatélico, mulher, filatélico!

ERA UMA VEZ

A pequena Estela fechou o livro e perguntou:
– Mamãe, por que todas as histórias começam com "Era uma vez"?
– Nem todas, filha. Algumas começam com "Meu bem, hoje vou ficar até mais tarde no escritório".

QUAL A RAZÃO?

Rodolfo e Mauro se encontravam na entrada do elevador às duas e meia da manhã:

– Rapaz, o que a sua mulher diz quando você chega a uma hora dessas?
– Eu não tenho mulher – responde Mauro. – Eu vivo sozinho.
– Mas então me explique qual a razão que você tem pra chegar tão tarde assim.

DE HOMEM PRA HOMEM

O senhor Antunes, todo preocupado com o futuro da filha Lurdinha, que iria se casar, chamou o pretendente para uma conversa de homem para homem:
– Arnaldo, eu gostaria de saber se as suas intenções para com a minha filha são honestas ou desonestas.
– Puxa, seu Antunes, não sabia que podia escolher!

COMO ENTENDER

O casal resolveu se matricular no curso de chinês.
– Mas vocês querem entender chinês em dois meses? É quase impossível – diz o professor. – Por que em tão pouco tempo?
– Sabe o que é? – diz a mãe. – Nós adotamos um chinesinho de dez meses e, dentro de mais algum tempo, ele vai começar a falar. Como vamos fazer para entender o que ele quer?

O MELHOR LUGAR

A mãe do Carlinhos tentando ensinar geografia para o menino:
– Qual é o lugar onde as crianças andam descalças, sem roupa e não vão à escola?
– Só pode ser o paraíso.

O FILÓSOFO

O famoso filósofo francês Voltaire, também conhecido pela língua afiada, em certa ocasião foi colocado num banquete ao lado de uma senhora que falava demais. Ela dizia:

– Meu marido sai quase todas as noites, enquanto fico em casa cuidando dos afazeres. Ele não liga para mim, é impertinente, mesquinho, petulante... O senhor me compreende, não é mesmo?

– Não, minha senhora – respondeu Voltaire. – Compreendo melhor o seu marido.

BICHAS

CACHORRÃO

O Victor estava andando de carro por uma estrada do interiorzão gaúcho, quando dá de cara com uma tabuleta: "Dentro de um quilômetro, o fantástico cachorro que chupa pau".

Intrigado com aquilo, continuou a viagem, quando viu uma seta indicando uma estrada que levava a uma casinha. Curioso, Victor vai ate lá, bate na porta e aparece um grandalhão de bombachas, com um vozeirão, que diz:

– Diga logo o que queres.
– É sobre o cachorro que...

O gauchão se vira pros fundos e grita:

– Aqui, Vitalino, mostra pro freguês o que sabes fazer.

O cachorro aparece, abana o rabo, mas não acontece nada, fica nisso. E o gauchão vai avisando:

– Mas precisas colaborar, tchê, abra pelo menos a braguilha.

O Victor, morrendo de curiosidade, abre a braguilha e o cachorro nada...

Nisso, o gauchão fica de cócoras na frente do cara:

– Buenas... mas é a última vez que mostro pra ti como se faz, hein, Vitalino.

CORCUNDA

A bicha entra num banheiro público para fazer xixi. Ao lado dele está um corcunda fazendo o mesmo. Quando a bicha percebe o tamanho descomunal do caralho do aleijado, diz:

– Minha nossa, se eu tivesse um assim, ficava com ele na boca o tempo todo.

E o corcunda:
— E você acha que eu sou corcunda por quê, querida?

VIDA DIFÍCIL

Depois de um mês e meio na estrada, sem sentir nem cheiro de mulher, o caminhoneiro para no acostamento para dar carona a uma freira:
— Vai até onde, irmã?
— Até a cidade mais próxima, meu filho.

Religioso, o caminhoneiro ainda tentou se controlar, mas depois de uma certa hora não resistiu:
— Sinto muito, irmã, mas estou numa secura de dar dó. Sei que a senhora não faz essas coisas, mas não consigo controlar o tesão e vou comer a senhora aqui mesmo, na boleia do carro.
— Não faça isso, meu filho – reagiu a freira.

Mas era tarde, o motorista já estava de vara na mão, rasgando as roupas da religiosa. A freira fez um apelo:
— Tá bom, meu filho, eu compreendo. Já que você não consegue se controlar, pelo menos faça uma coisa: bote atrás. Seria um escândalo uma freira ficar grávida.

Para quem estava na situação daquele coitado, era festa. Virou a freirinha de bruço e mandou ver.

Depois de gozar feito louco, veio aquela conversa durante o cigarrinho:
— Vida de cão essa, minha irmã. Dias e dias na estrada, sem ter com quem dar uma trepadinha, cometendo monstruosidades como essa que acabei de cometer, enrabando uma irmã de Cristo – lamentava-se o motorista, realmente arrependido e infeliz.

Ao que a freira respondeu:
– Vida difícil é a minha, cara! Sou veado e, para dar uma trepada, tenho que me vestir de freira e pedir carona no meio da estrada.

A PRIMEIRA VEZ

O filho chega em casa todo animado:
– Papai, papai, estou tão feliz, hoje eu tive minha primeira relação sexual.

E o pai todo feliz:
– Que bom meu filho, sente aqui e me conte como foi.

Aí o filho responde:
– Ah pai, não vai dar para sentar não.

COR HORRÍVEL

Duas bichas trocam figurinhas:
– Nossa, tigresa! Que visual mais deprê! Você está arrasada! O que aconteceu?
– Ai, querida, nem te conto. Não estava me sentindo bem e fui ao médico. Imagina, ele me disse que eu estou com amarelão!

Ao ouvir, a outra bicha dá um grito histérico:
– Aaaaaaaaaaaaiiii!!!
– O que foi?
– Que cor horrível!

PRIMEIROS SOCORROS

Numa operação de combate a incêndio, o comandante dá um flagra num bombeiro que está enrabando uma vítima.

– Que é isso, soldado?
– Operação salvação, chefe.
– Mas não é assim que se faz. O correto é uma respiração boca a boca.

E o bombeiro, todo romântico:
– E como é que o senhor acha que tudo começou?

A CAÇADA

A bichona foi caçar no mato. Pegou mochila, espingarda, munição e foi pra beira do lago. Deu de cara com um veado imenso na sua frente. Mirou bem no meio dos olhos verdes, grandes, bonitos, meio puxadinhos. Quando ia atirar, ouviu uma voz lânguida que vinha do veado:

– Atira, Caim!

TOMATE TEMPERADO

Entra no bar um belo rapaz e vai logo pedindo, uma voz muito suave:

– Um suco de tomate tem-pe-ra-do!

O garçom dá uma sacada no freguês e berra, com indignação.

– Esta casa não serve bichonas!

O jovem fica todo chocado, dá um suspiro e se retira na surdina. Uma hora depois, entra no bar um rapaz a ombros largos, óculos escuros, cuspindo pro lado e coçando o saco. Senta-se ao balcão e pede, com voz grave:

– Me dá um uísque duplo.

O garçom mal olha pra ele e diz:

– Já lhe disse que esta casa não serve bichonas.

O rapaz leva o maior susto, olha para o espelho em frente e dá um gritinho:

– Ai, meu Deus, esqueci de tirar o batom.

CEGO X PARALÍTICO

As duas bichas passavam o dia pedindo esmolas na porta da igreja. Uma era cega e a outra paralítica. Ambas se odiavam. De repente, a paralítica comenta:

– Olha que rapaz bonito!

E a cega:

– Corre lá e abraça ele!

BICHA MEDROSA

A bichinha está molhando suas florzinhas, que ficam no parapeito da janela de seu apartamento, no décimo andar do prédio. De repente, enxerga lá embaixo na calçada um bofe ma-ra-vi-lho-so, atlético, saradão, passeando com um cachorro pit bull.

A bicha fica no maior assanhamento, dando gritinhos estridentes chamando o rapagão. Seus esforços são inúteis, afinal ela está no décimo andar. No desespero, atira um dos vasos pela janela, na tentativa de chamar a atenção. Para seu grande azar, o vaso, que não era pequeno, cai bem na cabeça do cachorro, matando-o na hora.

O camarada, puto da vida, olha para cima e vê a bicha assustada. Descobre qual é o apartamento e sobe imediatamente, disposto a matá-la de porradas. Ao chegar lá, enfia o pé na porta do apartamento, gritando:

– Abre essa porra, bichinha nojenta! Eu vou acabar com você! Por que atirou um vaso na cabeça do meu cachorro, seu filho da puta?

E a bicha, do outro lado da porta:
– Calma, querido! Não foi por mal! Eu pensei que ele fosse me atacar...

SENSIBILIDADE

Na boate gay, o concurso de sensibilidade rolava solto. Entra a primeira candidata e o juiz enfia uma caneta no rabo da boneca, que vai logo dando a ficha:
– É uma Parker 45, azul!
Muito bem. Aplausos. A segunda leva uma espetada na bunda e diz:
– Lápis de sobrancelhas.
E assim foi. Quando chega a vez da última candidata, o juiz derrama um pouco de café e ela grita:
– Ai, credo!
– Está quente? – pergunta o jurado. E a bichinha:
– Não... tá sem açúcar.

A BICHA DESPEITADA

O negão está fazendo um xixi no banheiro público quando chega a bichinha, observa o tamanho da trolha e exclama:
– Nooooossa! O seu cacete parece uma chaminé!
– No tamanho ou na grossura?
– Não, na sujeira!

VIOLENTADA

A bicha entra na delegacia toda lanhada, descabelada e já vai logo contando:
– Seu delegado, um horror! Fui violentada vergonhosamente!

– Como foi? Onde? Quando?

– Ontem à noite. Três homens grandões, uns brutamontes, fizeram o que bem entenderam, me viraram do avesso...

– Não se preocupe, nós vamos prendê-los.

– Sim, mas, antes, exijo a completa reconstituição do crime!

O PEDIDO

O cara entra na lanchonete, louco de fome. O garçom afrescalhado vem atendê-lo na maior delicadeza:

– Pois não, senhor.

– Eu quero comer um americano.

– Oh! Yes, mister!

DIRETO NO CAIXA

A bichinha vendia sorvete na beira da praia. Dois gaiatos bem sacanas, querendo se divertir às custas do trabalho alheio, resolvem pedir sorvetes, tomar e sair sem pagar:

– Tratem de pagar – diz a bicha.

– Não vamos pagar nada – grita um dos babacas aproveitadores.

– Vão pagar, sim.

– Não vamos pagar, sua bichona.

– Vão pagar, senão chamo a polícia.

E um dos rapazes, botando o pau pra fora:

– Vou pagar com isso aqui, ó.

E a bichinha, bem calma:

– Tudo bem, paga aqui no caixa – completou a bichinha, virando a bunda.

SUPOSITÓRIO

Em plena madrugada, na UTI daquele hospital, o sujeito não deixava ninguém dormir com suas lamentações:

– Esta vida é uma merda. Quando eu era criança, me diziam que a juventude era legal, divertida, que eu ia ser muito feliz etc... Fiquei jovem e começaram a dizer que era bom eu ir amadurecendo, pra não fazer besteiras por aí. Veio a maturidade, e foi a mesma bosta. Cheguei à meia-idade e veio o papo de que a velhice me traria a calma necessária para encarar a vida de frente, com sabedoria e bom-senso. Fiquei velho e estou aqui na cama do hospital e, como se não bastasse, de hora em hora, me enfiam um puta supositório no rabo.

Do leito pegado ao dele, uma bicha velha, já desacreditada pelos médicos, suspira e pergunta:

– Quer trocar de cama, santa?

PERDIDOS

O maior naufrágio e as três bichas, uma inglesa, outra francesa e outra portuguesa, vão parar naquela ilha deserta. Ficam lá amargando, até que uma delas encontra uma lâmpada, esfrega e aparece um gênio, dizendo que cada uma tinha o direito de fazer um pedido. A bicha inglesa diz:

– Eu querer estar em Londres.

E pumba! Desaparece no ato.

Diz a bicha francesa:

– Eu quererr estarr em Paris.

E essa também some. Chega a vez da bicha portuguesa:

– Gente, eu não estou a suportaire toda essa solidão.

E faz o pedido:

– Quero minhas amiguinhas de volta, ora pois.

O SALAME

A bicha entra na mercearia e pede um salame.

– Tipo italiano, hein, seu mané! – acrescenta.

– O senhor quere que corte na máquina? – pergunta o português. E a bicha:

– Tá pensando que meu cu é cofrinho?

TÁ BOA, SANTA

No jardim, a bicha toda fogosa, vestida com um maravilhoso quimono lilás, gestos pausados, toda elegante, com um regador sem água na mão, vai rebolando pra lá e pra cá.

A outra bicha olha praquilo curiosa, e grita da janela do primeiro andar:

– Tá boa, santa, pirou de vez, é? Não tá vendo que o regador tá sem água?

A bicha do jardim levanta a cabeça com petulância e fuzila a outra com um olhar ofídico, dá uma pestanejada nervosa e diz:

– E você, não tá vendo que as plantas são de plástico?

DIGA 33!

A bichinha está no consultório, o doutor começa a examinar. Coloca o estetoscópio nas costas da peça e diz:

– Por favor, diga 33!

– Trinta e três! – responde a bichinha, com voz afetada.

– Muito bem – ele muda a posição do estetoscópio. – Outra vez!

– Trinta e três!

O médico coloca o estetoscópio no peito do seu cliente:

– Diga 33!

– Trinta e três!

– Ótimo! Mais uma vez!

– Trinta e três!

– Perfeito, agora vamos fazer o exame da próstata!

A bichinha se prepara e fica de quatro, abaixa as calças enquanto o médico mete o dedo no rabo dela.

– Diga 33! – diz ele, descuidado.

– Um... dois... três... quatro...

COISA DE VEADO

E as bichas, na cama, no maior pau:

– Você já reclamou do meu cigarro, do meu perfume, da minha barba... Ufa! Você hoje está muito veado pro meu gosto.

BAIXA FILOSOFIA

Três bichas filosofam sobre o que gostariam de ser em outra encarnação. Diz a primeira bicha:

– Eu gostaria de ser uma cueca, pra passar o dia inteiro coladinha num caralho!

E a segunda boneca:

– E eu queria é ser um halteres, pra ser pega, levantada e abaixada por homens fortes e musculosos.

A terceira:

– Já eu gostaria de ser uma ambulância!

As outras não entendem, e a bicha explica:

– Imaginem só: eu, vestidinha de branco, com uma faixa vermelha na cintura e um rubi na testa. Aí, colocariam um homem inteirinho atrás de mim, e eu sairia gritando feito louca pelas ruas:

– Uó-uó-uó!

O GAÚCHO E O MINEIRO..............................

O gaúcho bem macho chega todo fodido, estrupiado, molhado dos pés à cabeça, todo arrebentado numa cidadezinha do interior de Minas Gerais. Bate na porta do único hotelzinho e fica sabendo que não há vaga.

– A menos – diz o dono – que o senhor queira dividir a cama de casal com o mineirinho.

– Mas não é possível, andei mais de cem quilômetros, comi poeira, lama, sol e chuva, estou sem dormir há duas noites...

– Lamento, só tem lugar na cama de casal onde o mineirinho está.

O gaúcho pensa um pouco e concorda, não tinha outro jeito.

– Mas vou logo avisando, que é pra eu não ter reclamações depois... O mineirinho é fogo, a fama dele é a de que come todo mundo que cai na rede.

E o gaúcho:

– Ah, é?, deixa comigo, eu nasci em terra de macho, tchê. Qual é o quarto?

– O primeiro depois da escada.

Aí, o gaúcho, de espora e tudo, parte para o quarto, já vai logo tirando o facão, o revólver, fazendo o maior estardalhaço. Chega à frente da porta e dá o maior chute que quase derruba o quarto.

E entra.

– Eu sou é macho. Já matei mais de vinte, comigo não tem conversa mole, tchê, eu arrebento qualquer filho da puta que se engraçar comigo e ainda bebo o sangue.

O mineirinho só olha de lado, enquanto limpa as unhas com um canivetinho. Aí, o gaúcho, meio receoso, berra:

– E você aí, não vai dizer nada?

– Eu não, uai! Só estou esperando o senhor se acarmá pra comê a sua bunda.

CORTE TRANSEXUAL

A bichinha vai ao cabeleireiro e pede:

– Hoje eu quero um corte transexual!

– Menina, você enlouqueceu. Que corte maluco é esse?

– É simples... corta na frente e pica atrás!

SURPRESA EM DOSE DUPLA

Um sujeito está no restaurante. De repente, uma freira entra no salão. Apesar do hábito, dá pra sacar que a freirinha é um mulherão. Enquanto a freira está no local, o cara não consegue despregar os olhos da religiosa. Na hora de pagar a conta, comenta com o garçom:

– Olha, eu faria qualquer coisa para botar a mão nessa freira. Ela é um tesão!

– Pois eu sei como! – responde o garçom. – Essa irmã aí é fanática por Jesus Cristo. Todo dia, às nove da noite, ela passa por uma rua escura, atrás do convento. É só você se fantasiar de Jesus e esperar. Com uma boa conversa você papa ela, fácil, fácil!

O cara vai embora entusiasmado, disposto a pôr em prática o plano do garçom. Na noite seguinte, lá está ele no local e horário indicados, fantasiado de "O Homem de Nazaré". Quando a freirinha passa, ele entra na sua frente e diz:

– Ave, irmã! Você é a minha escolhida, e eu te concedo a graça de trepar comigo agora!

– Oh, Mestre, é uma honra! – responde a moça religiosa. – Só que eu quero que o senhor me pegue por trás!

O cara estranha o pedido, mas como está morrendo de tesão, atende esse capricho: levanta o hábito e enraba a freira. Depois de acabar o serviço, tira a fantasia, dizendo:

– Surpresa! Não sou Jesus Cristo! Sou o tarado do restaurante!

A freira também tira o hábito e se revela:

– Surpresa! Eu não sou a freirinha! Sou o garçom!

ACORDO FECHADO

O carro das duas bichas, de repente, dá uma derrapada, o freio não funciona e pá! Entra na traseira do carro da frente. As duas descem apavoradas pensando no que ia rolar. Do outro carro, aparece um grandalhão, com cara de lutador de boxe que já vai logo dando o veredicto:

– Ou paga ou vai ter pau!
Uma das bonecas respira aliviada:
– Você viu? Ele quer fazer um acordo.

O ABORTO

Duas bichonas estão andando no mato, quando uma delas diz:
– Espera um pouco, que eu vou fazer cocô e já volto.
Dali a pouco, ela volta gritando, na maior agitação:
– Aai, queridinha... vem ver uma coisa... eu abortei!
– E a boneca pode abortar, por um acaso?
– Abortei, estou dizendo... vem aqui ver os olhinhos, os bracinhos... e está se mexendo...
– Para com isso, Arlete. Não está vendo que você cagou em cima de um sapo?

A PLACA

Em Campinas, abriram uma rua nova e botaram uma placa: "Passagem exclusiva de pederastas". Indignados, os moradores das redondezas criaram uma comissão e foram reclamar com o prefeito da cidade. Veio o secretário e ouviu:
– Onde já se viu? Não é passagem de pederastas. É passagem de pedestres!
O secretário vai levar a reclamação ao prefeito, que ouve atentamente e pergunta:
– Quantos tem aí fora?
– Cinco – responde o secretário.
– Não vai ser por causa de cinco que vamos ter que mudar a placa.

TREMENDO DE FRIO

As duas bichas estão voltando da Europa de avião quando, no meio da noite, uma delas convida:

– Querido, quero que você me coma agora, estou morrendo de tesão!

– Você está maluca! Alguém pode escutar.

– Imagina, todos os passageiros estão dormindo...

– É... mas tem as aeromoças...

– Também estão dormindo, quer ver? – e grita: – Aeromoça... Aeromoça... me traz um uísque!

Silêncio total. As bichas não tiveram a menor dúvida e mandaram ver.

Algumas horas depois, o dia amanhecendo e a aeromoça nota um dos passageiros tremendo de frio.

– Nossa, por que não pediu uma coberta?

– Eu não sou besta! O sujeito ali atrás pediu um uísque e acabou levando no cu a noite toda!

ERRO DE AVALIAÇÃO

Altas da madrugada, dois travestis conversam:

– Que tal aquele homão que você saiu ontem?

– Pois é, ele adorou meus peitos!

– E você contou pra ele que era tudo enchimento?

– Foi meu erro, querida. Ele pediu pra deixar ele dar uma voltinha com eles.

NOTÍCIA IMPORTANTE

O rapaz convida toda a família, precisa fazer uma revelação muito importante. Tios, tias, primos, avós aguardam com ansiedade. Na hora H, ele aparece e diz:

– É o seguinte, gente! Vou ser bem objetivo! Contraí uma doença misteriosa e incurável. O médico me disse que viverei no máximo seis meses.

Foi aquela choradeira, todos queriam abraçá-lo, beijá-lo e dizer o quanto o amavam.

Meia hora depois, ele pediu silêncio e fez outra revelação:

– Calma gente!! Era brincadeira! O que eu queria mesmo dizer é que eu sou gay!

PELUDA PULANDO ....

O marido machão, bem ciumento, pega a esposa transando no seu próprio apartamento com o melhor amigo. Puto da vida, espumando pela boca, totalmente fora de si, saca a navalha, corta fora a xoxota e a joga pela janela.

A peluda cai na calçada justamente quando passam duas bichas loucas.

Uma delas dá um pulinho de lado e grita:

– Credo, uma buceta.

E a outra, histérica:

– Mata! Mata!

UMA COMBINAÇÃO PERFEITA ....

Tava lá na praia o crioulo mais bonito que a quarentona já tinha visto na vida. De calção branco, peito largo, cheio de músculos, todo brilhante, um gigante de ébano.

De repente, notou que o crioulo tinha no pescoço um enorme colar de pérolas brancas. Aproveitou a deixa e se aproximou:

– Você não acha que este colar de pérolas é um pouco feminino?

E o negão:

– De jeito nenhum. E, além do mais, queridinha, você conhece outra cor que combine mais com preto?

COMPRANDO BANANAS

Duas bichinhas entram na quitanda do seu Manoel:

– Seu Manoel, me dá duas bananas, por favor?

– Duas bananas eu não vendo, o mínimo são três!

– E agora? O que vamos fazer? – pergunta a outra bicha.

– Não faz mal, boba, a outra a gente come!

PRA MARIDO

Quando a mocinha encontra o galã da novela das oito na porta do teatro, fica doidinha, agarra o cara e sussurra no seu ouvido:

– Ai, gatinho, que fofura. Quero você pra meu marido!

E o galã:

– Então me leva logo pra ele, me leva!

POSSO PEGAR

O maior leilão, gente fina e endinheirada pra todo lado, tudo de smoking, as mulheres de longo, um clima chique de dar gosto. Mas quando o sujeito perguntou:

– Quem dá mais?

Foi a maior bagunça, umas trinta bichas gritaram, em coro:

– Eeeeeeuuuuuuu!

EM CAMPINAS

Um sujeito estava fazendo xixi num carro esporte zerinho estacionado na garagem do shopping. Tava mijando bem na porta, do lado do motorista, quando de repente aparece um cara todo afrescalhado que diz:

– Deixa eu pegar?

– Que pegar o quê, frangona. Sai pra lá, te manda, pô!

– Ah, deixa, vá. Só um pouquinho.

– Sai dessa, bichona, deixa eu mijar sossegado.

O cara insiste:

– Se deixar pegar, eu dou uma nota de cinquenta paus.

Nisso, o que estava fazendo xixi pensou um pouco e disse:

– Tudo bem. Pega, mas só um pouquinho.

Aí, o cara deu um tremendo beliscão, cravou a unha no bicho e quase arranca ele fora e disse, numa voz bem baixinha, meio entredentes:

– Esse carro é meu, seu filho da puta!

A BICHA MARINHEIRA

O marinheiro se apresenta ao seu comandante:

– Senhor, é o meu dever comunicar-lhe que tem um veado a bordo!

E o comandante:

– Não, isso não é possível! Os testes para admissão na Marinha são rigorosíssimos. Você deve estar enganado!

– Pois eu lhe garanto, Capitão! Pode confiar em mim!

– E como é que você tem tanta certeza?
– É que acabei de chupar o pau do contramestre e estava com um gosto de merda...

TESTE PSICOLÓGICO

O diretor de um colégio interno chama em sua sala um garoto, recém-admitido, e o informa:
– Meu filho, tenho boas e más notícias para lhe dar.
– O senhor pode começar pela má notícia? – pede o menino.
– O seu teste psicológico acusou uma forte inclinação homossexual em sua personalidade.
– E a boa notícia?
– Bom... é que você é uma gracinha!...

NAUFRÁGIO

O navio está afundando, o maior corre-corre, barquinhos sendo descidos ao mar, a maior borrasca, ninguém se entendendo. O capitão grita:
– Mulheres e crianças primeiro. Homens deste lado, mulheres do outro.
A bicha, indignada, corre de um lado pro outro:
– E a boneca aqui, vai morrer afogada?

FANTASIAS DE CARNAVAL

Todo dia, era a mesma coisa. A bichona passava em frente daquela construção e o peão da obra lascava:
– Aí, bicha louca, veado, frangona.
E a boneca não deixava barato:
– Cala a boca, baiano burro.

Até que, no carnaval, a bicha se fantasia de baiana e sai toda-toda, rebolando a bundona. Quando passa pela construção, o baiano fica todo tesudo e brinca:

– Vem cá, minha boneca fofa, coisinha linda.

E a bicha:

– Tô indo, meu arquiteto.

MUDANÇA DE SEXO..

O sujeito foi incumbido de dizer ao amigo que o filho deste tinha mudado de sexo.

– João, eu tenho duas notícias sobre o seu filho, uma boa e outra má!

– Comece com a má...

– O seu filho é um travesti!

– Meu Deus, que desgraça! E a boa?

– Ontem ele ganhou o concurso da Rainha da Primavera!

PINTO OU MADEIRA ....

O sujeito vai ao médico, com um enorme machucado no cu.

O médico olha e diz:

– Isso foi pinto!

– Não, de jeito nenhum! Eu caí em cima de um pedaço de madeira.

– Muito bem. Eu tenho duas pomadas aqui: uma para pinto, outra para madeira. Você escolhe a que quer usar. Porém, já vou logo avisando: se foi pinto e você usar a de madeira, você morre.

– Tá bom, eu vou usar a de pinto... Mas que foi madeira, foi!

FILA EM PORTUGAL

Em Portugal, pra fila eles dizem bicha. Uma mulher, um certo dia, tava na porta do cinema com a filha e se lembraram de comprar pipoca. Quando voltam, percebem aquele monte de gente esperando para comprar ingresso.

– Nossa, como cresceu esta bicha!

E a bichinha brasileira, que estava passando férias em Portugal:

– De onde é que a senhora me conhece, dona?

MELHOR QUE NADA

As duas bichas passam a noite inteira caçando e nada. Desiludidas, sem conseguir ninguém pra dar, chega uma pra outra e diz:

– É, Vera... é melhor a gente ir pra casa, que hoje tá ruço.

– Tem razão, Alaíde, só que antes passa comigo na farmácia pra tomar uma injeção.

– Tá, querida... Mas o que é que você está sentindo? Se resfriou?

– Nada. É que não quero dormir sem ter mostrado a bunda pra ninguém.

ADIVINHOU

A bicha propôs um jogo para um garotão surfista, todo dourado de sol, lá na praia de Ipanema.

– O jogo é de adivinhação. Eu faço uma pergunta. Se você errar, eu te como. Se acertar, eu te dou a bunda.

– Tudo bem. Vamos lá.

– Quem descobriu o Brasil?

O surfista, burro como uma porta, pensa muito e, afinal, diz:

– Dom Pedro.

E a bichona:

– Acertoou!

CENAS DE FAROESTE

No velho oeste, aquele bandido com uma baita cara de mau, barba por fazer, cicatriz no rosto, revólver prateado pendendo da cintura, esporas reluzentes, entra pisando duro no *saloon*. Silêncio total. Ele encosta no balcão, o garçom tremendo lhe serve um uísque duplo, ele toma de um só gole, depois vira-se para um sujeito sentado numa mesa próxima.

– Você aí! Levante-se! – ordena ele, com voz de trovão.

– Tira as calças.

O sujeito obedece. Ele abre a braguilha, tira o pau pra fora e mete a vara no coitado.

– Eu sou o famoso pica de aço! – diz depois de ter acabado o serviço.

No dia seguinte, na mesma hora, o sujeito volta ao bar, bebe o uísque, aponta para um outro sujeito, pede para ele tirar as calças, passa-lhe a vara e no fim diz:

– Eu sou o famoso pica de aço!

No outro dia, na mesma hora, ele volta ao bar, toma o uísque, aponta para uma bichinha, pede para ela tirar as calças, mete-lhe a vara e...

– Aaaaaaaiiiiiiiii...

E a bicha:

– E eu sou o famoso cu de alicate!

RECEITA PODEROSA

A bicha chega toda desesperada no consultório:
– Ai, doutor! Os exames confirmaram: eu estou com AIDS. E agora, doutor, o que é que eu faço?
– Bom, eu vou lhe passar uma receita: junte cinco colheres de magnésia purgativa, três copos de suco de abacate, dois copos de leite cru, um refogadinho de repolho, uma feijoada completa, uma cerveja caracu batida com cem gramas de paçoca de amendoim e duas colheres de laxante. Misture tudo no liquidificador e tome de uma vez só.
– E isso tudo vai me curar?
– Não, mas vai lhe mostrar de uma vez por todas pra que é que serve o cu!

ADIVINHE SE PUDER

A bichinha chega para a outra com as mãos escondidas atrás das costas e fala fininho:
– Se você adivinhar quantas laranjas eu tenho nas mãos eu te dou a bunda!
E a outra, depois de pensar um pouco:
– Cinco!
– Acertou! Amanhã eu trago as outras três!

BEM APERTADINHO

O negão vai traçar a bicha pela primeira vez. Esta o adverte:
– Toma cuidado que é apertadinho!
– Que apertado nada, sua bicha velha!
– Ah, você duvida, bofe? Então enfia um dedo.
O negão enfia. A bicha prossegue:

– Outro. Agora mais outro. Enfia a mão inteira. Coloca a outra mão junto. Agora, bate palma.
– Não dá, pô!
– Viu, bofe? Eu não disse que era apertadinho?

SEMANA SANTA

Em plena Sexta-Feira Santa lá vão as duas bichas passeando à beira do cais, quando se deparam com um marinheiro todo garboso.
– Cruzes! – exclama a primeira. – Que homem lindo! Ei... vem cá... gostosão...
– Calma, Verônica! – alertou a outra. – Você já se esqueceu que hoje é Sexta-Feira Santa e que é proibido comer carne?
– Mas, marinheiro pode... marinheiro é peixe...

SECANDO O CABELO

As duas bichas moram juntas e vivem quebrando o pau. Um dia, uma se mata e a outra é interrogada, na delegacia:
– Quer dizer que você chega, vê a sua amiga com a cabeça dentro do forno e não faz nada?
E a bicha:
– Claro que não! Pensei que ela estava secando o cabelo!

O GÊNIO QUE DAVA O DOBRO

A bicha passeia numa praia deserta e de repente encontra uma garrafa fechada. Ao pegá-la na mão, fica excitada e começa a esfregar o gargalo. Pof! A garrafa se abre e aparece um gênio, que lhe diz:

– Como você me libertou, posso te satisfazer três desejos – diz o gênio, agora livre –, mas tem uma condição. Tudo o que você me pedir, a sua pior inimiga receberá em dobro.

A bichinha reflete, pensa e diz:

– Eu quero uma mansão e-nor-me!

Plim! Surgem três mansões! Uma para ela e duas para a sua rival.

– Agora eu quero um milhão de dólares!

Plim! Aparecem três milhões de dólares!

– Como terceiro desejo quero levar uma surra enorme até eu ficar meio morta!

FAMÍLIA COMPLICADA

Depois de anos de análise, o sujeito chega à conclusão que, além dele, o pai, o avô e os cinco tios tinham inclinações homossexuais.

O psiquiatra, só de sacanagem, pergunta:

– Mas então na sua família ninguém gosta de mulher?

– Claro que sim, doutor. Minhas quatro irmãs.

DESDE PEQUENINO

A bichinha vai ao psicólogo dizendo que quer mudar de vida.

– O que o levou a escolher esse tipo de vida? – pergunta-lhe o psicólogo.

– Não fui eu quem escolheu! Fui forçado a isso! Quando eu tinha uns doze ou treze anos, estava brincando no jardim, quando o meu primo veio por trás, me agarrou e abusou de mim ali mesmo! Foi um horror!

– Mas você não poderia ter escapado? Não tentou correr?

– Tentar eu tentei, mas de salto alto e saia justa, cadê velocidade?!

POR CENTÍMETRO..

O camarada, boa-pinta, tipo atlético, está à noite parado numa esquina, num ponto de viração. Típico "michê". Para um carro importado. O motorista, um coroa fino, mas bem desmunhecado, aborda o rapaz:

– E aí, meu garanhão, vamos?

– Quanto você paga?

– Puxa, você é bem objetivo! Tudo bem, eu pago por centímetro. Dez reais o centímetro enfiado. Mas hoje estou com pouco dinheiro, só tenho cinquenta reais. Põe só cinco centímetros, tá?

O garotão topa.

Na hora da transa, o coroa de quatro e o cara por trás, colocando só a pontinha. De repente, ele se desequilibra e acaba enterrando tudo. E a bicha velha:

– Ai, meu Deus! Tô toda endividada!

BAD TIMES ....

Depois de um longo tempo, as duas bichas se encontram:

– Tudo bem? – pergunta a primeira.

– Que nada, estou numa merda lascada! – responde a outra.

– Mas e aquele carrão maravilhoso que você tinha?

– Pois é, capotei!

– E aquele apartameno chiquérrimo no qual você morava?

– Pegou fogo!

– Nooossa! Mas e aquele bofe gostosão?

– Me largou...

– Credo! Não aconteceu nada de positivo desde a última vez que nos encontramos?

– De positivo? Só o resultado do meu teste de HIV.

PRISÃO DE VENTRE

A bichinha fica com o intestino preso, vai até a drogaria e pede:

– Seu Osório, eu preciso de um supositório. Eu tô en-tu-pi-do! Já faz três dias que não faço cocô!

Aí um balconista comenta:

– Você sabia que mamão é um excelente remédio para prisão de ventre?

– Mamão? Mas será que cabe?

QUEM PULA PRIMEIRO

As duas bichinhas resolveram se banhar no rio. Como era inverno, o frio estava de rachar. Ficaram meia hora na margem discutindo quem ia pular primeiro! Finalmente, uma das duas cria coragem e resolve pular. Se prepara, rosto pra frente, bundinha pra trás, tampa o nariz e pula! A outra fica na margem, toda apreensiva e agoniada, esperando o que a amiga vai dizer.

– E aí, tá gostosa a água?

– Aiiiiii... Essa água tá de foder!!!

– Ah, então espera aí que eu vou pular de bunda!

MEGATON ATÔMICO

No ônibus superlotado, um dos passageiros solta um peido de arrasar quarteirão.

Alguns minutos depois, o cheiro continuava no ar. Um homem comenta com o passageiro ao lado:

– Porra, mas que coisa mais nojenta! Se eu soubesse quem foi, juro que enfiava meu guarda-chuva no cu dele!

E a bichinha que estava sentada logo atrás:

– Não fui eu! Mas assumo a responsabilidade!

ABRINDO AS OSTRAS

As três bichas foram a um restaurante espanhol especializado em frutos do mar.

– Pois não? – pergunta o garçom.

– Nós queremos ostras!

– Vocês querem ostras cruas ou gratinadas?

– A minha, crua com sal e pimenta! – pede a primeira.

– A minha, gratinada com limão e azeite! – pede a segunda.

A terceira e mais desvairada das três, dispara:

– A minha tanto faz crua ou gratinada, mas quero com pérola!

COISA DE URSO

Um caçador foi pro Alasca caçar ursos. Passaram-se vários dias, até ele conseguir abater um urso de bom tamanho. Assim que ele acertou o tiro e o bicho desabou, sentiu um tapinha nas costas. Virou-se e viu um urso maior, que mexia a cabeça em sinal de desaprovação.

– Você não deveria ter feito isso – disse o urso. – Você matou um dos meus companheiros. Agora vai ter que pagar, mas pode escolher: você quer morrer ou quer dar pra mim?

O caçador não vacilou, decidiu que a morte seria radical demais, virou de costas, abaixou as calças e ficou de quatro, e o urso mandou ver.

Durante um ano, o caçador jurou vingança ao urso que o havia enrabado sem piedade. Na estação de caça do ano seguinte, voltou ao Alasca e ficou procurando-o. Depois de treze dias, finalmente encontrou o urso e o matou. Logo depois, sentiu outro tapinha nas costas. Virou e viu um urso gigante, que repetiu as temidas palavras:

– Você não devia ter feito isso.

O caçador novamente decidiu continuar vivendo, e foi logo abaixando as calças e ficando de quatro.

Depois de mais um ano jurando vingança eterna a todos os ursos do mundo, o caçador voltou ao Alasca, procurando o urso do ano anterior. Assim que ele o encontrou, atirou para matar, e outra vez sentiu um tapinha nas costas. Quando virou, viu o maior e mais assustador urso que tinha visto: quatro metros de altura, peludo, dentes enormes. A fera olhou para o caçador e, piscando um olho, perguntou:

– Fala a verdade pra mim! Você não vem aqui pra caçar, né?

Coleção **L&PM** POCKET

HUMOR & QUADRINHOS

Adão Iturrusgarai
Aline e seus dois namorados (1)
Aline: TPM – tensão pré-monstrual (2)
Aline: viciada em sexo (3)
Aline: finalmente nua! (4)
Aline: numas de colegial (5)

Angeli
E agora são cinzas
Os broncos também amam
Rê Bordosa: do começo ao fim
Skrotinhos
Walter Ego
Wood & Stock

Charles Schulz
Snoopy e sua turma (1)
Snoopy em: Feliz Dia dos Namorados! (2)
Snoopy em: Assim é a vida, Charlie Brown! (3)
Snoopy em: É Natal! (4)
Snoopy em: Posso fazer uma pergunta, professora? (5)
Snoopy em: Como você é azarado, Charlie Brown! (6)
Snoopy em: Doces ou travessuras? (7)
Snoopy em: No mundo da Lua! (8)
Snoopy em: Pausa para a soneca (9)
Snoopy em: Sempre alerta! (10)

Ciça
Pagando o pato

Dik Browne
O melhor de Hagar, o horrível 1
O melhor de Hagar, o horrível 2
O melhor de Hagar, o horrível 3
O melhor de Hagar, o horrível 4
O melhor de Hagar, o horrível 5 (c/Chris Browne)
O melhor de Hagar, o horrível 6 (c/Chris Browne)

Edgar Vasques
Rango

Glauco
Abobrinhas da Brasilônia
Geraldão 1: Edipão, surfistão, gravidão
Geraldão 2: A genitália desnuda
Geraldão 3: Ligadão, taradão na televisão

Iotti
Novíssimo testamento: com Deus e o Diabo, a dupla da criação
Radicci 1
Radicci 2
Radicci 3
Radicci 4
Radicci 5
Radicci 6
Radicci 7

Jim Davis
Garfield em grande forma (1)
Garfield está de dieta (2)
Garfield – um gato de peso (3)
Garfield numa boa (4)
Garfield – toneladas de diversão (5)
Garfield – de bom humor (6)
Garfield – um charme de gato (7)
Garfield – e seus amigos (8)
Garfield – um gato em apuros (9)
Garfield – o rei da preguiça (10)

Laerte
Fagundes: um puxa-saco de mão cheia
Piratas do Tietê 1: a escória em quadrinhos
Piratas do Tietê 2: histórias de pavio curto
Striptiras 1: gato & gata
Striptiras 2: Grafiteiro, o detonador do futuro
Striptiras 3: O Zelador, pau pra toda obra, e o Síndico sempre de olho
Striptiras 4: Capitão Douglas, rebelde ou herói

Mauricio de Sousa
120 tirinhas da Turma da Mônica
Chico Bento: plantando confusão
Turma da Mônica: Bidu arrasando!
Turma da Mônica: Bidu – diversão em dobro!
Turma da Mônica: Cebolinha em apuros!
Turma da Mônica: De quem é esse coelho?
Turma da Mônica: Mônica está de férias!
Turma da Mônica: Mônica tem uma novidade!
Turma da Mônica: Pintou sujeira!
Turma do Penadinho: Quem é morto sempre aparece
Os Sousa: desventuras em família

Mort Walker
O melhor do Recruta Zero 1
O melhor do Recruta Zero 2

Nani
Batom na cueca
É grave, doutor?
Foi bom pra você?
Humor barra pesada
Humor do miserê
Humor politicamente incorreto
Orai pornô

Paulo Caruso
As mil e uma noites

Peyo
O Bebê Smurf
O Smurf Repórter

Santiago
Conhece o Mário? (1)
Conhece o Mário? (2)
A dupla sertanojo

Scott Adams
Dilbert: Corra, o controle de qualidade vem aí! (1)
Dilbert: Você está demitido! (2)
Dilbert: Preciso de férias! (3)
Dilbert: Trabalhando em casa! (4)
Dilbert: Odeio reuniões! (5)
Dilbert: Terapia em grupo (6)
Dilbert: Pedindo aumento (7)

Simon Tofield
Simon's Cat: as aventuras de um gato travesso e comilão (1)
Simon's Cat: as aventuras de um gato travesso e comilão (2)

Visconde da Casa Verde
Piadas para sempre (Livro 1)
Piadas para sempre (Livro 2)
Piadas para sempre (Livro 3)
Piadas para sempre (Livro 4)

Coleção **L&PM** POCKET (LANÇAMENTOS MAIS RECENTES)

186. **De repente acidentes** – Carl Solomon
187. **As minas de Salomão** – Rider Haggard
188. **Uivo** – Allen Ginsberg
189. **A ciclista solitária** – Conan Doyle
190. **Os seis bustos de Napoleão** – Conan Doyle
191. **Cortejo do divino** – Nelida Piñon
194. **Os crimes do amor** – Marquês de Sade
195. **Besame Mucho** – Mário Prata
196. **Tuareg** – Alberto Vázquez-Figueroa
197. **O longo adeus** – Raymond Chandler
199. **Notas de um velho safado** – Bukowski
200. **111 ais** – Dalton Trevisan
201. **O nariz** – Nicolai Gogol
202. **O capote** – Nicolai Gogol
203. **Macbeth** – William Shakespeare
204. **Heráclito** – Donaldo Schüler
205. **Você deve desistir, Osvaldo** – Cyro Martins
206. **Memórias de Garibaldi** – A. Dumas
207. **A arte da guerra** – Sun Tzu
208. **Fragmentos** – Caio Fernando Abreu
209. **Festa no castelo** – Moacyr Scliar
210. **O grande deflorador** – Dalton Trevisan
212. **Homem do príncipio ao fim** – Millôr Fernandes
213. **Aline e seus dois namorados (1)** – A. Iturrusgarai
214. **A juba do leão** – Sir Arthur Conan Doyle
215. **Assassino metido a esperto** – R. Chandler
216. **Confissões de um comedor de ópio** – Thomas De Quincey
217. **Os sofrimentos do jovem Werther** – Goethe
218. **Fedra** – Racine / Trad. Millôr Fernandes
219. **O vampiro de Sussex** – Conan Doyle
220. **Sonho de uma noite de verão** – Shakespeare
221. **Dias e noites de amor e de guerra** – Galeano
222. **O Profeta** – Khalil Gibran
223. **Flávia, cabeça, tronco e membros** – M. Fernandes
224. **Guia da ópera** – Jeanne Suhamy
225. **Macário** – Álvares de Azevedo
226. **Etiqueta na prática** – Celia Ribeiro
227. **Manifesto do partido comunista** – Marx & Engels
228. **Poemas** – Millôr Fernandes
229. **Um inimigo do povo** – Henrik Ibsen
230. **O paraíso destruído** – Frei B. de las Casas
231. **O gato no escuro** – Josué Guimarães
232. **O mágico de Oz** – L. Frank Baum
233. **Armas no Cyrano's** – Raymond Chandler
234. **Max e os felinos** – Moacyr Scliar
235. **Nos céus de Paris** – Alcy Cheuiche
236. **Os bandoleiros** – Schiller
237. **A primeira coisa que eu botei na boca** – Deonísio da Silva
238. **As aventuras de Simbad, o marújo**
239. **O retrato de Dorian Gray** – Oscar Wilde
240. **A carteira de meu tio** – J. Manuel de Macedo
241. **A luneta mágica** – J. Manuel de Macedo
242. **A metamorfose** – Kafka
243. **A flecha de ouro** – Joseph Conrad
244. **A ilha do tesouro** – R. L. Stevenson
245. **Marx – Vida & Obra** – José A. Giannotti
246. **Gênesis**
247. **Unidos para sempre** – Ruth Rendell
248. **A arte de amar** – Ovídio
249. **O sono eterno** – Raymond Chandler
250. **Novas receitas do Anonymus Gourmet** – J.A.P.M.
251. **A nova catacumba** – Arthur Conan Doyle
252. **Dr. Negro** – Arthur Conan Doyle
253. **Os voluntários** – Moacyr Scliar
254. **A bela adormecida** – Irmãos Grimm
255. **O príncipe sapo** – Irmãos Grimm
256. **Confissões** *e* **Memórias** – H. Heine
257. **Viva o Alegrete** – Sergio Faraco
258. **Vou estar esperando** – R. Chandler
259. **A senhora Beate e seu filho** – Schnitzler
260. **O ovo apunhalado** – Caio Fernando Abreu
261. **O ciclo das águas** – Moacyr Scliar
262. **Millôr Definitivo** – Millôr Fernandes
264. **Viagem ao centro da Terra** – Júlio Verne
265. **A dama do lago** – Raymond Chandler
266. **Caninos brancos** – Jack London
267. **O médico e o monstro** – R. L. Stevenson
268. **A tempestade** – William Shakespeare
269. **Assassinatos na rua Morgue** – E. Allan Poe
270. **99 corruíras nanicas** – Dalton Trevisan
271. **Broquéis** – Cruz e Sousa
272. **Mês de cães danados** – Moacyr Scliar
273. **Anarquistas – vol. 1 – A idéia** – G.Woodcock
274. **Anarquistas – vol. 2 – O movimento** – G.Woodcock
275. **Pai e filho, filho e pai** – Moacyr Scliar
276. **As aventuras de Tom Sawyer** – Mark Twain
277. **Muito barulho por nada** – W. Shakespeare
278. **Elogio da loucura** – Erasmo
279. **Autobiografia de Alice B. Toklas** – G. Stein
280. **O chamado da floresta** – J. London
281. **Uma agulha para o diabo** – Ruth Rendell
282. **Verdes vales do fim do mundo** – A. Bivar
283. **Ovelhas negras** – Caio Fernando Abreu
284. **O fantasma de Canterville** – O. Wilde
285. **Receitas de Yayá Ribeiro** – Celia Ribeiro
286. **A galinha degolada** – H. Quiroga
287. **O último adeus de Sherlock Holmes** – A. Conan Doyle
288. **A. Gourmet** *em* **Histórias de cama & mesa** – J. A. Pinheiro Machado
289. **Topless** – Martha Medeiros
290. **Mais receitas do Anonymus Gourmet** – J. A. Pinheiro Machado
291. **Origens do discurso democrático** – D. Schüler
292. **Humor politicamente incorreto** – Nani
293. **O teatro do bem e do mal** – E. Galeano
294. **Garibaldi & Manoela** – J. Guimarães
295. **10 dias que abalaram o mundo** – John Reed
296. **Numa fria** – Bukowski
297. **Poesia de Florbela Espanca** vol. 1
298. **Poesia de Florbela Espanca** vol. 2
299. **Escreva certo** – E. Oliveira e M. E. Bernd
300. **O vermelho e o negro** – Stendhal
301. **Ecce homo** – Friedrich Nietzsche
302(7). **Comer bem, sem culpa** – Dr. Fernando Lucchese, A. Gourmet e Iotti

303. **O livro de Cesário Verde** – Cesário Verde
305. **100 receitas de macarrão** – S. Lancellotti
306. **160 receitas de molhos** – S. Lancellotti
307. **100 receitas light** – H. e Â. Tonetto
308. **100 receitas de sobremesas** – Celia Ribeiro
309. **Mais de 100 dicas de churrasco** – Leon Dziekaniak
310. **100 receitas de acompanhamentos** – C. Cabeda
311. **Honra ou vendetta** – S. Lancellotti
312. **A alma do homem sob o socialismo** – Oscar Wilde
313. **Tudo sobre Yôga** – Mestre De Rose
314. **Os varões assinalados** – Tabajara Ruas
315. **Édipo em Colono** – Sófocles
316. **Lisístrata** – Aristófanes / trad. Millôr
317. **Sonhos de Bunker Hill** – John Fante
318. **Os deuses de Raquel** – Moacyr Scliar
319. **O colosso de Marússia** – Henry Miller
320. **As eruditas** – Molière / trad. Millôr
321. **Radicci 1** – Iotti
322. **Os Sete contra Tebas** – Ésquilo
323. **Brasil Terra à vista** – Eduardo Bueno
324. **Radicci 2** – Iotti
325. **Júlio César** – William Shakespeare
326. **A carta de Pero Vaz de Caminha**
327. **Cozinha Clássica** – Silvio Lancellotti
328. **Madame Bovary** – Gustave Flaubert
329. **Dicionário do viajante insólito** – M. Scliar
330. **O capitão saiu para o almoço...** – Bukowski
331. **A carta roubada** – Edgar Allan Poe
332. **É tarde para saber** – Josué Guimarães
333. **O livro de bolso da Astrologia** – Maggy Harrisonx e Mellina Li
334. **1933 foi um ano ruim** – John Fante
335. **100 receitas de arroz** – Aninha Comas
336. **Guia prático do Português correto – vol. 1** – Cláudio Moreno
337. **Bartleby, o escriturário** – H. Melville
338. **Enterrem meu coração na curva do rio** – Dee Brown
339. **Um conto de Natal** – Charles Dickens
340. **Cozinha sem segredos** – J. A. P. Machado
341. **A dama das Camélias** – A. Dumas Filho
342. **Alimentação saudável** – H. e Â. Tonetto
343. **Continhos galantes** – Dalton Trevisan
344. **A Divina Comédia** – Dante Alighieri
345. **A Dupla Sertanojo** – Santiago
346. **Cavalos do amanhecer** – Mario Arregui
347. **Biografia de Vincent van Gogh por sua cunhada** – Jo van Gogh-Bonger
348. **Radicci 3** – Iotti
349. **Nada de novo no front** – E. M. Remarque
350. **A hora dos assassinos** – Henry Miller
351. **Flush – Memórias de um cão** – Virginia Woolf
352. **A guerra no Bom Fim** – M. Scliar
353(1). **O caso Saint-Fiacre** – Simenon
354(2). **Morte na alta sociedade** – Simenon
355(3). **O cão amarelo** – Simenon
356(4). **Maigret e o homem do banco** – Simenon
357. **As uvas e o vento** – Pablo Neruda
358. **On the road** – Jack Kerouac
359. **O coração amarelo** – Pablo Neruda
360. **Livro das perguntas** – Pablo Neruda
361. **Noite de Reis** – William Shakespeare
362. **Manual de Ecologia** – vol.1 – J. Lutzenberger
363. **O mais longo dos dias** – Cornelius Ryan
364. **Foi bom prá você?** – Nani
365. **Crepusculário** – Pablo Neruda
366. **A comédia dos erros** – Shakespeare
367(5). **A primeira investigação de Maigret** – Simenon
368(6). **As férias de Maigret** – Simenon
369. **Mate-me por favor (vol.1)** – L. McNeil
370. **Mate-me por favor (vol.2)** – L. McNeil
371. **Carta ao pai** – Kafka
372. **Os vagabundos iluminados** – J. Kerouac
373(7). **O enforcado** – Simenon
374(8). **A fúria de Maigret** – Simenon
375. **Vargas, uma biografia política** – H. Silva
376. **Poesia reunida (vol.1)** – A. R. de Sant'Anna
377. **Poesia reunida (vol.2)** – A. R. de Sant'Anna
378. **Alice no país do espelho** – Lewis Carroll
379. **Residência na Terra 1** – Pablo Neruda
380. **Residência na Terra 2** – Pablo Neruda
381. **Terceira Residência** – Pablo Neruda
382. **O delírio amoroso** – Bocage
383. **Futebol ao sol e à sombra** – E. Galeano
384(9). **O porto das brumas** – Simenon
385(10). **Maigret e seu morto** – Simenon
386. **Radicci 4** – Iotti
387. **Boas maneiras & sucesso nos negócios** – Celia Ribeiro
388. **Uma história Farroupilha** – M. Scliar
389. **Na mesa ninguém envelhece** – J. A. Pinheiro Machado
390. **200 receitas inéditas do Anonymus Gourmet** – J. A. Pinheiro Machado
391. **Guia prático do Português correto – vol.2** – Cláudio Moreno
392. **Breviário das terras do Brasil** – Assis Brasil
393. **Cantos Cerimoniais** – Pablo Neruda
394. **Jardim de Inverno** – Pablo Neruda
395. **Antonio e Cleópatra** – William Shakespeare
396. **Tróia** – Cláudio Moreno
397. **Meu tio matou um cara** – Jorge Furtado
398. **O anatomista** – Federico Andahazi
399. **As viagens de Gulliver** – Jonathan Swift
400. **Dom Quixote** – (v. 1) – Miguel de Cervantes
401. **Dom Quixote** – (v. 2) – Miguel de Cervantes
402. **Sozinho no Pólo Norte** – Thomaz Brandolin
403. **Matadouro 5** – Kurt Vonnegut
404. **Delta de Vênus** – Anaïs Nin
405. **O melhor de Hagar 2** – Dik Browne
406. **É grave Doutor?** – Nani
407. **Orai pornô** – Nani
408(11). **Maigret em Nova York** – Simenon
409(12). **O assassino sem rosto** – Simenon
410(13). **O mistério das jóias roubadas** – Simenon
411. **A irmãzinha** – Raymond Chandler
412. **Três contos** – Gustave Flaubert
413. **De ratos e homens** – John Steinbeck
414. **Lazarilho de Tormes** – Anônimo do séc. XVI
415. **Triângulo das águas** – Caio Fernando Abreu
416. **100 receitas de carnes** – Sílvio Lancellotti

417. **Histórias de robôs:** vol. 1 – org. Isaac Asimov
418. **Histórias de robôs:** vol. 2 – org. Isaac Asimov
419. **Histórias de robôs:** vol. 3 – org. Isaac Asimov
420. **O país dos centauros** – Tabajara Ruas
421. **A república de Anita** – Tabajara Ruas
422. **A carga dos lanceiros** – Tabajara Ruas
423. **Um amigo de Kafka** – Isaac Singer
424. **As alegres matronas de Windsor** – Shakespeare
425. **Amor e exílio** – Isaac Bashevis Singer
426. **Use & abuse do seu signo** – Marília Fiorillo e Marylou Simonsen
427. **Pigmaleão** – Bernard Shaw
428. **As fenícias** – Eurípides
429. **Everest** – Thomaz Brandolin
430. **A arte de furtar** – Anônimo do séc. XVI
431. **Billy Bud** – Herman Melville
432. **A rosa separada** – Pablo Neruda
433. **Elegia** – Pablo Neruda
434. **A garota de Cassidy** – David Goodis
435. **Como fazer a guerra: máximas de Napoleão** – Balzac
436. **Poemas escolhidos** – Emily Dickinson
437. **Gracias por el fuego** – Mario Benedetti
438. **O sofá** – Crébillon Fils
439. **O "Martín Fierro"** – Jorge Luis Borges
440. **Trabalhos de amor perdidos** – W. Shakespeare
441. **O melhor de Hagar 3** – Dik Browne
442. **Os Maias (volume1)** – Eça de Queiroz
443. **Os Maias (volume2)** – Eça de Queiroz
444. **Anti-Justine** – Restif de La Bretonne
445. **Juventude** – Joseph Conrad
446. **Contos** – Eça de Queiroz
447. **Janela para a morte** – Raymond Chandler
448. **Um amor de Swann** – Marcel Proust
449. **À paz perpétua** – Immanuel Kant
450. **A conquista do México** – Hernan Cortez
451. **Defeitos escolhidos e 2000** – Pablo Neruda
452. **O casamento do céu e do inferno** – William Blake
453. **A primeira viagem ao redor do mundo** – Antonio Pigafetta
454(14). **Uma sombra na janela** – Simenon
455(15). **A noite da encruzilhada** – Simenon
456(16). **A velha senhora** – Simenon
457. **Sartre** – Annie Cohen-Solal
458. **Discurso do método** – René Descartes
459. **Garfield em grande forma (1)** – Jim Davis
460. **Garfield está de dieta (2)** – Jim Davis
461. **O livro das feras** – Patricia Highsmith
462. **Viajante solitário** – Jack Kerouac
463. **Auto da barca do inferno** – Gil Vicente
464. **O livro vermelho dos pensamentos de Millôr** – Millôr Fernandes
465. **O livro dos abraços** – Eduardo Galeano
466. **Voltaremos!** – José Antonio Pinheiro Machado
467. **Rango** – Edgar Vasques
468(8). **Dieta mediterrânea** – Dr. Fernando Lucchese e José Antonio Pinheiro Machado
469. **Radicci 5** – Iotti
470. **Pequenos pássaros** – Anaïs Nin
471. **Guia prático do Português correto – vol.3** – Cláudio Moreno
472. **Atire no pianista** – David Goodis
473. **Antologia Poética** – García Lorca
474. **Alexandre e César** – Plutarco
475. **Uma espiã na casa do amor** – Anaïs Nin
476. **A gorda do Tiki Bar** – Dalton Trevisan
477. **Garfield um gato de peso (3)** – Jim Davis
478. **Canibais** – David Coimbra
479. **A arte de escrever** – Arthur Schopenhauer
480. **Pinóquio** – Carlo Collodi
481. **Misto-quente** – Bukowski
482. **A lua na sarjeta** – David Goodis
483. **O melhor do Recruta Zero (1)** – Mort Walker
484. **Aline: TPM – tensão pré-monstrual (2)** – Adão Iturrusgarai
485. **Sermões do Padre Antonio Vieira**
486. **Garfield numa boa (4)** – Jim Davis
487. **Mensagem** – Fernando Pessoa
488. **Vendeta** *seguido de* **A paz conjugal** – Balzac
489. **Poemas de Alberto Caeiro** – Fernando Pessoa
490. **Ferragus** – Honoré de Balzac
491. **A duquesa de Langeais** – Honoré de Balzac
492. **A menina dos olhos de ouro** – Honoré de Balzac
493. **O lírio do vale** – Honoré de Balzac
494(17). **A barcaça da morte** – Simenon
495(18). **As testemunhas rebeldes** – Simenon
496(19). **Um engano de Maigret** – Simenon
497(1). **A noite das bruxas** – Agatha Christie
498(2). **Um passe de mágica** – Agatha Christie
499(3). **Nêmesis** – Agatha Christie
500. **Esboço para uma teoria das emoções** – Sartre
501. **Renda básica de cidadania** – Eduardo Suplicy
502(1). **Pílulas para viver melhor** – Dr. Lucchese
503(2). **Pílulas para prolongar a juventude** – Dr. Lucchese
504(3). **Desembarcando o diabetes** – Dr. Lucchese
505(4). **Desembarcando o sedentarismo** – Dr. Fernando Lucchese e Cláudio Castro
506(5). **Desembarcando a hipertensão** – Dr. Lucchese
507(6). **Desembarcando o colesterol** – Dr. Fernando Lucchese e Fernanda Lucchese
508. **Estudos de mulher** – Balzac
509. **O terceiro tira** – Flann O'Brien
510. **100 receitas de aves e ovos** – J. A. P. Machado
511. **Garfield em toneladas de diversão (5)** – Jim Davis
512. **Trem-bala** – Martha Medeiros
513. **Os cães ladram** – Truman Capote
514. **O Kama Sutra de Vatsyayana**
515. **O crime do Padre Amaro** – Eça de Queiroz
516. **Odes de Ricardo Reis** – Fernando Pessoa
517. **O inverno da nossa desesperança** – Steinbeck
518. **Piratas do Tietê (1)** – Laerte
519. **Rê Bordosa: do começo ao fim** – Angeli
520. **O Harlem é escuro** – Chester Himes
521. **Café-da-manhã dos campeões** – Kurt Vonnegut
522. **Eugénie Grandet** – Balzac
523. **O último magnata** – F. Scott Fitzgerald
524. **Carol** – Patricia Highsmith
525. **100 receitas de patisseria** – Sílvio Lancellotti
526. **O fator humano** – Graham Greene
527. **Tristessa** – Jack Kerouac

528. **O diamante do tamanho do Ritz** – Scott Fitzgerald
529. **As melhores histórias de Sherlock Holmes** – Arthur Conan Doyle
530. **Cartas a um jovem poeta** – Rilke
531(20). **Memórias de Maigret** – Simenon
532(4). **O misterioso sr. Quin** – Agatha Christie
533. **Os analectos** – Confúcio
534(21). **Maigret e os homens de bem** – Simenon
535(22). **O medo de Maigret** – Simenon
536. **Ascensão e queda de César Birotteau** – Balzac
537. **Sexta-feira negra** – David Goodis
538. **Ora bolas – O humor de Mario Quintana** – Juarez Fonseca
539. **Longe daqui aqui mesmo** – Antonio Bivar
540(5). **É fácil matar** – Agatha Christie
541. **O pai Goriot** – Balzac
542. **Brasil, um país do futuro** – Stefan Zweig
543. **O processo** – Kafka
544. **O melhor de Hagar 4** – Dik Browne
545(6). **Por que não pediram a Evans?** – Agatha Christie
546. **Fanny Hill** – John Cleland
547. **O gato por dentro** – William S. Burroughs
548. **Sobre a brevidade da vida** – Sêneca
549. **Geraldão (1)** – Glauco
550. **Piratas do Tietê (2)** – Laerte
551. **Pagando o pato** – Ciça
552. **Garfield de bom humor (6)** – Jim Davis
553. **Conhece o Mário?** vol.1 – Santiago
554. **Radicci 6** – Iotti
555. **Os subterrâneos** – Jack Kerouac
556(1). **Balzac** – François Taillandier
557(2). **Modigliani** – Christian Parisot
558(3). **Kafka** – Gérard-Georges Lemaire
559(4). **Júlio César** – Joël Schmidt
560. **Receitas da família** – J. A. Pinheiro Machado
561. **Boas maneiras à mesa** – Celia Ribeiro
562(9). **Filhos sadios, pais felizes** – R. Pagnoncelli
563(10). **Fatos & mitos** – Dr. Fernando Lucchese
564. **Ménage à trois** – Paula Taitelbaum
565. **Mulheres!** – David Coimbra
566. **Poemas de Álvaro de Campos** – Fernando Pessoa
567. **Medo e outras histórias** – Stefan Zweig
568. **Snoopy e sua turma (1)** – Schulz
569. **Piadas para sempre (1)** – Visconde da Casa Verde
570. **O alvo móvel** – Ross Macdonald
571. **O melhor do Recruta Zero (2)** – Mort Walker
572. **Um sonho americano** – Norman Mailer
573. **Os broncos também amam** – Angeli
574. **Crônica de um amor louco** – Bukowski
575(5). **Freud** – René Major e Chantal Talagrand
576(6). **Picasso** – Gilles Plazy
577(7). **Gandhi** – Christine Jordis
578. **A tumba** – H. P. Lovecraft
579. **O príncipe e o mendigo** – Mark Twain
580. **Garfield, um charme de gato (7)** – Jim Davis
581. **Ilusões perdidas** – Balzac
582. **Esplendores e misérias das cortesãs** – Balzac
583. **Walter Ego** – Angeli
584. **Striptiras (1)** – Laerte
585. **Fagundes: um puxa-saco de mão cheia** – Laerte
586. **Depois do último trem** – Josué Guimarães
587. **Ricardo III** – Shakespeare
588. **Dona Anja** – Josué Guimarães
589. **24 horas na vida de uma mulher** – Stefan Zweig
590. **O terceiro homem** – Graham Greene
591. **Mulher no escuro** – Dashiell Hammett
592. **No que acredito** – Bertrand Russell
593. **Odisséia (1): Telemaquia** – Homero
594. **O cavalo cego** – Josué Guimarães
595. **Henrique V** – Shakespeare
596. **Fabulário geral do delírio cotidiano** – Bukowski
597. **Tiros na noite 1: A mulher do bandido** – Dashiell Hammett
598. **Snoopy em Feliz Dia dos Namorados! (2)** – Schulz
599. **Mas não se matam cavalos?** – Horace McCoy
600. **Crime e castigo** – Dostoiévski
601(7). **Mistério no Caribe** – Agatha Christie
602. **Odisséia (2): Regresso** – Homero
603. **Piadas para sempre (2)** – Visconde da Casa Verde
604. **À sombra do vulcão** – Malcolm Lowry
605(8). **Kerouac** – Yves Buin
606. **E agora são cinzas** – Angeli
607. **As mil e uma noites** – Paulo Caruso
608. **Um assassino entre nós** – Ruth Rendell
609. **Crack-up** – F. Scott Fitzgerald
610. **Do amor** – Stendhal
611. **Cartas do Yage** – William Burroughs e Allen Ginsberg
612. **Striptiras (2)** – Laerte
613. **Henry & June** – Anaïs Nin
614. **A piscina mortal** – Ross Macdonald
615. **Geraldão (2)** – Glauco
616. **Tempo de delicadeza** – A. R. de Sant'Anna
617. **Tiros na noite 2: Medo de tiro** – Dashiell Hammett
618. **Snoopy em Assim é a vida, Charlie Brown! (3)** – Schulz
619. **1954 – Um tiro no coração** – Hélio Silva
620. **Sobre a inspiração poética (Íon)** e ... – Platão
621. **Garfield e seus amigos (8)** – Jim Davis
622. **Odisséia (3): Ítaca** – Homero
623. **A louca matança** – Chester Himes
624. **Factótum** – Bukowski
625. **Guerra e Paz: volume 1** – Tolstói
626. **Guerra e Paz: volume 2** – Tolstói
627. **Guerra e Paz: volume 3** – Tolstói
628. **Guerra e Paz: volume 4** – Tolstói
629(9). **Shakespeare** – Claude Mourthé
630. **Bem está o que bem acaba** – Shakespeare
631. **O contrato social** – Rousseau
632. **Geração Beat** – Jack Kerouac
633. **Snoopy: É Natal! (4)** – Charles Schulz
634(8). **Testemunha da acusação** – Agatha Christie
635. **Um elefante no caos** – Millôr Fernandes
636. **Guia de leitura (100 autores que você precisa ler)** – Organização de Léa Masina

637. **Pistoleiros também mandam flores** – David Coimbra
638. **O prazer das palavras** – vol. 1 – Cláudio Moreno
639. **O prazer das palavras** – vol. 2 – Cláudio Moreno
640. **Novíssimo testamento: com Deus e o diabo, a dupla da criação** – Iotti
641. **Literatura Brasileira: modos de usar** – Luís Augusto Fischer
642. **Dicionário de Porto-Alegrês** – Luís A. Fischer
643. **Clô Dias & Noites** – Sérgio Jockymann
644. **Memorial de Isla Negra** – Pablo Neruda
645. **Um homem extraordinário e outras histórias** – Tchékhov
646. **Ana sem terra** – Alcy Cheuiche
647. **Adultérios** – Woody Allen
648. **Para sempre ou nunca mais** – R. Chandler
649. **Nosso homem em Havana** – Graham Greene
650. **Dicionário Caldas Aulete de Bolso**
651. **Snoopy: Posso fazer uma pergunta, professora? (5)** – Charles Schulz
652(10). **Luís XVI** – Bernard Vincent
653. **O mercador de Veneza** – Shakespeare
654. **Cancioneiro** – Fernando Pessoa
655. **Non-Stop** – Martha Medeiros
656. **Carpinteiros, levantem bem alto a cumeeira & Seymour, uma apresentação** – J.D.Salinger
657. **Ensaios céticos** – Bertrand Russell
658. **O melhor de Hagar 5** – Dik e Chris Browne
659. **Primeiro amor** – Ivan Turguêniev
660. **A trégua** – Mario Benedetti
661. **Um parque de diversões da cabeça** – Lawrence Ferlinghetti
662. **Aprendendo a viver** – Sêneca
663. **Garfield, um gato em apuros (9)** – Jim Davis
664. **Dilbert 1** – Scott Adams
665. **Dicionário de dificuldades** – Domingos Paschoal Cegalla
666. **A imaginação** – Jean-Paul Sartre
667. **O ladrão e os cães** – Naguib Mahfuz
668. **Gramática do português contemporâneo** – Celso Cunha
669. **A volta do parafuso** seguido de **Daisy Miller** – Henry James
670. **Notas do subsolo** – Dostoiévski
671. **Abobrinhas da Brasilônia** – Glauco
672. **Geraldão (3)** – Glauco
673. **Piadas para sempre (3)** – Visconde da Casa Verde
674. **Duas viagens ao Brasil** – Hans Staden
675. **Bandeira de bolso** – Manuel Bandeira
676. **A arte da guerra** – Maquiavel
677. **Além do bem e do mal** – Nietzsche
678. **O coronel Chabert** seguido de **A mulher abandonada** – Balzac
679. **O sorriso de marfim** – Ross Macdonald
680. **100 receitas de pescados** – Silvio Lancellotti
681. **O juiz e seu carrasco** – Friedrich Dürrenmatt
682. **Noites brancas** – Dostoiévski
683. **Quadras ao gosto popular** – Fernando Pessoa
684. **Romanceiro da Inconfidência** – Cecília Meireles
685. **Kaos** – Millôr Fernandes
686. **A pele de onagro** – Balzac
687. **As ligações perigosas** – Choderlos de Laclos
688. **Dicionário de matemática** – Luiz Fernandes Cardoso
689. **Os Lusíadas** – Luís Vaz de Camões
690(11). **Átila** – Éric Deschodt
691. **Um jeito tranquilo de matar** – Chester Himes
692. **A felicidade conjugal** seguido de **O diabo** – Tolstói
693. **Viagem de um naturalista ao redor do mundo** – vol. 1 – Charles Darwin
694. **Viagem de um naturalista ao redor do mundo** – vol. 2 – Charles Darwin
695. **Memórias da casa dos mortos** – Dostoiévski
696. **A Celestina** – Fernando de Rojas
697. **Snoopy: Como você é azarado, Charlie Brown! (6)** – Charles Schulz
698. **Dez (quase) amores** – Claudia Tajes
699(9). **Poirot sempre espera** – Agatha Christie
700. **Cecília de bolso** – Cecília Meireles
701. **Apologia de Sócrates** precedido de **Êutifron** e seguido de **Críton** – Platão
702. **Wood & Stock** – Angeli
703. **Stritiras (3)** – Laerte
704. **Discurso sobre a origem e os fundamentos da desigualdade entre os homens** – Rousseau
705. **Os duelistas** – Joseph Conrad
706. **Dilbert (2)** – Scott Adams
707. **Viver e escrever** (vol. 1) – Edla van Steen
708. **Viver e escrever** (vol. 2) – Edla van Steen
709. **Viver e escrever** (vol. 3) – Edla van Steen
710(10). **A teia da aranha** – Agatha Christie
711. **O banquete** – Platão
712. **Os belos e malditos** – F. Scott Fitzgerald
713. **Líbelo contra a arte moderna** – Salvador Dalí
714. **Akropolis** – Valerio Massimo Manfredi
715. **Devoradores de mortos** – Michael Crichton
716. **Sob o sol da Toscana** – Frances Mayes
717. **Batom na cueca** – Nani
718. **Vida dura** – Claudia Tajes
719. **Carne trêmula** – Ruth Rendell
720. **Cris, a fera** – David Coimbra
721. **O anticristo** – Nietzsche
722. **Como um romance** – Daniel Pennac
723. **Emboscada no Forte Bragg** – Tom Wolfe
724. **Assédio sexual** – Michael Crichton
725. **O espírito do Zen** – Alan W.Watts
726. **Um bonde chamado desejo** – Tennessee Williams
727. **Como gostais** seguido de **Conto de inverno** – Shakespeare
728. **Tratado sobre a tolerância** – Voltaire
729. **Snoopy: Doces ou travessuras? (7)** – Charles Schulz
730. **Cardápios do Anonymous Gourmet** – J.A. Pinheiro Machado
731. **100 receitas com lata** – J.A. Pinheiro Machado
732. **Conhece o Mário?** vol.2 – Santiago
733. **Dilbert (3)** – Scott Adams
734. **História de um louco amor** seguido de **Passado amor** – Horacio Quiroga
735(11). **Sexo: muito prazer** – Laura Meyer da Silva
736(12). **Para entender o adolescente** – Dr. Ronald Pagnoncelli

737(13). **Desembarcando a tristeza** – Dr. Fernando Lucchese
738. **Poirot e o mistério da arca espanhola & outras histórias** – Agatha Christie
739. **A última legião** – Valerio Massimo Manfredi
740. **As virgens suicidas** – Jeffrey Eugenides
741. **Sol nascente** – Michael Crichton
742. **Duzentos ladrões** – Dalton Trevisan
743. **Os devaneios do caminhante solitário** – Rousseau
744. **Garfield, o rei da preguiça (10)** – Jim Davis
745. **Os magnatas** – Charles R. Morris
746. **Pulp** – Charles Bukowski
747. **Enquanto agonizo** – William Faulkner
748. **Aline: viciada em sexo (3)** – Adão Iturrusgarai
749. **A dama do cachorrinho** – Anton Tchékhov
750. **Tito Andrônico** – Shakespeare
751. **Antologia poética** – Anna Akhmátova
752. **O melhor de Hagar 6** – Dik e Chris Browne
753(12). **Michelangelo** – Nadine Sautel
754. **Dilbert (4)** – Scott Adams
755. **O jardim das cerejeiras** seguido de **Tio Vânia** – Tchékhov
756. **Geração Beat** – Claudio Willer
757. **Santos Dumont** – Alcy Cheuiche
758. **Budismo** – Claude B. Levenson
759. **Cleópatra** – Christian-Georges Schwentzel
760. **Revolução Francesa** – Frédéric Bluche, Stéphane Rials e Jean Tulard
761. **A crise de 1929** – Bernard Gazier
762. **Sigmund Freud** – Edson Sousa e Paulo Endo
763. **Império Romano** – Patrick Le Roux
764. **Cruzadas** – Cécile Morrisson
765. **O mistério do Trem Azul** – Agatha Christie
766. **Os escrúpulos de Maigret** – Simenon
767. **Maigret se diverte** – Simenon
768. **Senso comum** – Thomas Paine
769. **O parque dos dinossauros** – Michael Crichton
770. **Trilogia da paixão** – Goethe
771. **A simples arte de matar (vol.1)** – R. Chandler
772. **A simples arte de matar (vol.2)** – R. Chandler
773. **Snoopy: No mundo da lua! (8)** – Charles Schulz
774. **Os Quatro Grandes** – Agatha Christie
775. **Um brinde de cianureto** – Agatha Christie
776. **Súplicas atendidas** – Truman Capote
777. **Ainda restam aveleiras** – Simenon
778. **Maigret e o ladrão preguiçoso** – Simenon
779. **A viúva imortal** – Millôr Fernandes
780. **Cabala** – Roland Goetschel
781. **Capitalismo** – Claude Jessua
782. **Mitologia grega** – Pierre Grimal
783. **Economia: 100 palavras-chave** – Jean-Paul Betbèze
784. **Marxismo** – Henri Lefebvre
785. **Punição para a inocência** – Agatha Christie
786. **A extravagância do morto** – Agatha Christie
787(13). **Cézanne** – Bernard Fauconnier
788. **A identidade Bourne** – Robert Ludlum
789. **Da tranquilidade da alma** – Sêneca
790. **Um artista da fome** seguido de **Na colônia penal e outras histórias** – Kafka
791. **Histórias de fantasmas** – Charles Dickens
792. **A louca de Maigret** – Simenon
793. **O amigo de infância de Maigret** – Simenon
794. **O revólver de Maigret** – Simenon
795. **A fuga do sr. Monde** – Simenon
796. **O Uraguai** – Basílio da Gama
797. **A mão misteriosa** – Agatha Christie
798. **Testemunha ocular do crime** – Agatha Christie
799. **Crepúsculo dos ídolos** – Friedrich Nietzsche
800. **Maigret e o negociante de vinhos** – Simenon
801. **Maigret e o mendigo** – Simenon
802. **O grande golpe** – Dashiell Hammett
803. **Humor barra pesada** – Nani
804. **Vinho** – Jean-François Gautier
805. **Egito Antigo** – Sophie Desplancques
806(14). **Baudelaire** – Jean-Baptiste Baronian
807. **Caminho da sabedoria, caminho da paz** – Dalai Lama e Felizitas von Schönborn
808. **Senhor e servo e outras histórias** – Tolstói
809. **Os cadernos de Malte Laurids Brigge** – Rilke
810. **Dilbert (5)** – Scott Adams
811. **Big Sur** – Jack Kerouac
812. **Seguindo a correnteza** – Agatha Christie
813. **O álibi** – Sandra Brown
814. **Montanha-russa** – Martha Medeiros
815. **Coisas da vida** – Martha Medeiros
816. **A cantada infalível** seguido de **A mulher do centroavante** – David Coimbra
817. **Maigret e os crimes do cais** – Simenon
818. **Sinal vermelho** – Simenon
819. **Snoopy: Pausa para a soneca (9)** – Charles Schulz
820. **De pernas pro ar** – Eduardo Galeano
821. **Tragédias gregas** – Pascal Thiercy
822. **Existencialismo** – Jacques Colette
823. **Nietzsche** – Jean Granier
824. **Amar ou depender?** – Walter Riso
825. **Darmapada: A doutrina budista em versos**
826. **J'Accuse...!** – a verdade em marcha – Zola
827. **Os crimes ABC** – Agatha Christie
828. **Um gato entre os pombos** – Agatha Christie
829. **Maigret e o sumiço do sr. Charles** – Simenon
830. **Maigret e a morte do jogador** – Simenon
831. **Dicionário de teatro** – Luiz Paulo Vasconcellos
832. **Cartas extraviadas** – Martha Medeiros
833. **A longa viagem de prazer** – J. J. Morosoli
834. **Receitas fáceis** – J. A. Pinheiro Machado
835(14). **Mais fatos & mitos** – Dr. Fernando Lucchese
836(15). **Boa viagem!** – Dr. Fernando Lucchese
837. **Aline: Finalmente nua!!! (4)** – Adão Iturrusgarai
838. **Mônica tem uma novidade!** – Mauricio de Sousa
839. **Cebolinha em apuros!** – Mauricio de Sousa
840. **Sócios no crime** – Agatha Christie
841. **Bocas do tempo** – Eduardo Galeano
842. **Orgulho e preconceito** – Jane Austen
843. **Impressionismo** – Dominique Lobstein
844. **Escrita chinesa** – Viviane Alleton
845. **Paris: uma história** – Yvan Combeau
846(15). **Van Gogh** – David Haziot
847. **Maigret e o corpo sem cabeça** – Simenon
848. **Portal do destino** – Agatha Christie
849. **O futuro de uma ilusão** – Freud
850. **O mal-estar na cultura** – Freud

851. **Maigret e o matador** – Simenon
852. **Maigret e o fantasma** – Simenon
853. **Um crime adormecido** – Agatha Christie
854. **Satori em Paris** – Jack Kerouac
855. **Medo e delírio em Las Vegas** – Hunter Thompson
856. **Um negócio fracassado e outros contos de humor** – Tchékhov
857. **Mônica está de férias!** – Mauricio de Sousa
858. **De quem é esse coelho?** – Mauricio de Sousa
859. **O burgomestre de Furnes** – Simenon
860. **O mistério Sittaford** – Agatha Christie
861. **Manhã transfigurada** – Luiz Antonio de Assis Brasil
862. **Alexandre, o Grande** – Pierre Briant
863. **Jesus** – Charles Perrot
864. **Islã** – Paul Balta
865. **Guerra da Secessão** – Farid Ameur
866. **Um rio que vem da Grécia** – Cláudio Moreno
867. **Maigret e os colegas americanos** – Simenon
868. **Assassinato na casa do pastor** – Agatha Christie
869. **Manual do líder** – Napoleão Bonaparte
870(16). **Billie Holiday** – Sylvia Fol
871. **Bidu arrasando!** – Mauricio de Sousa
872. **Desventuras em família** – Mauricio de Sousa
873. **Liberty Bar** – Simenon
874. **E no final a morte** – Agatha Christie
875. **Guia prático do Português correto – vol. 4** – Cláudio Moreno
876. **Dilbert (6)** – Scott Adams
877(17). **Leonardo da Vinci** – Sophie Chauveau
878. **Bella Toscana** – Frances Mayes
879. **A arte da ficção** – David Lodge
880. **Striptiras (4)** – Laerte
881. **Skrotinhos** – Angeli
882. **Depois do funeral** – Agatha Christie
883. **Radicci 7** – Iotti
884. **Walden** – H. D. Thoreau
885. **Lincoln** – Allen C. Guelzo
886. **Primeira Guerra Mundial** – Michael Howard
887. **A linha de sombra** – Joseph Conrad
888. **O amor é um cão dos diabos** – Bukowski
889. **Maigret sai em viagem** – Simenon
890. **Despertar: uma vida de Buda** – Jack Kerouac
891(18). **Albert Einstein** – Laurent Seksik
892. **Hell's Angels** – Hunter Thompson
893. **Ausência na primavera** – Agatha Christie
894. **Dilbert (7)** – Scott Adams
895. **Ao sul de lugar nenhum** – Bukowski
896. **Maquiavel** – Quentin Skinner
897. **Sócrates** – C.C.W. Taylor
898. **A casa do canal** – Simenon
899. **O Natal de Poirot** – Agatha Christie
900. **As veias abertas da América Latina** – Eduardo Galeano
901. **Snoopy: Sempre alerta! (10)** – Charles Schulz
902. **Chico Bento: Plantando confusão** – Mauricio de Sousa
903. **Penadinho: Quem é morto sempre aparece** – Mauricio de Sousa
904. **A vida sexual da mulher feia** – Claudia Tajes
905. **100 segredos de liquidificador** – José Antonio Pinheiro Machado
906. **Sexo muito prazer 2** – Laura Meyer da Silva
907. **Os nascimentos** – Eduardo Galeano
908. **As caras e as máscaras** – Eduardo Galeano
909. **O século do vento** – Eduardo Galeano
910. **Poirot perde uma cliente** – Agatha Christie
911. **Cérebro** – Michael O'Shea
912. **O escaravelho de ouro e outras histórias** – Edgar Allan Poe
913. **Piadas para sempre (4)** – Visconde da Casa Verde
914. **100 receitas de massas light** – Helena Tonetto
915(19). **Oscar Wilde** – Daniel Salvatore Schiffer
916. **Uma breve história do mundo** – H. G. Wells
917. **A Casa do Penhasco** – Agatha Christie
918. **Maigret e o finado sr. Gallet** – Simenon
919. **John M. Keynes** – Bernard Gazier
920(20). **Virginia Woolf** – Alexandra Lemasson
921. **Peter e Wendy** seguido de **Peter Pan em Kensington Gardens** – J. M. Barrie
922. **Aline: numas de colegial (5)** – Adão Iturrusgarai
923. **Uma dose mortal** – Agatha Christie
924. **Os trabalhos de Hércules** – Agatha Christie
925. **Maigret na escola** – Simenon
926. **Kant** – Roger Scruton
927. **A inocência do Padre Brown** – G.K. Chesterton
928. **Casa Velha** – Machado de Assis
929. **Marcas de nascença** – Nancy Huston
930. **Aulete de bolso**
931. **Hora Zero** – Agatha Christie
932. **Morte na Mesopotâmia** – Agatha Christie
933. **Um crime na Holanda** – Simenon
934. **Nem te conto, João** – Dalton Trevisan
935. **As aventuras de Huckleberry Finn** – Mark Twain
936(21). **Marilyn Monroe** – Anne Plantagenet
937. **China moderna** – Rana Mitter
938. **Dinossauros** – David Norman
939. **Louca por homem** – Claudia Tajes
940. **Amores de alto risco** – Walter Riso
941. **Jogo de damas** – David Coimbra
942. **Filha é filha** – Agatha Christie
943. **M ou N?** – Agatha Christie
944. **Maigret se defende** – Simenon
945. **Bidu: diversão em dobro!** – Mauricio de Sousa
946. **Fogo** – Anaïs Nin
947. **Rum: diário de um jornalista bêbado** – Hunter Thompson
948. **Persuasão** – Jane Austen
949. **Lágrimas na chuva** – Sergio Faraco
950. **Mulheres** – Bukowski
951. **Um pressentimento funesto** – Agatha Christie
952. **Cartas na mesa** – Agatha Christie
953. **Maigret em Vichy** – Simenon
954. **O lobo do mar** – Jack London
955. **Os gatos** – Patricia Highsmith
956(22). **Jesus** – Christiane Rancé
957. **História da medicina** – William Bynum
958. **O Morro dos Ventos Uivantes** – Emily Brontë
959. **A filosofia na era trágica dos gregos** – Nietzsche
960. **Os treze problemas** – Agatha Christie
961. **A massagista japonesa** – Moacyr Scliar
962. **A taberna dos dois tostões** – Simenon

963. **Humor do miserê** – Nani
964. **Todo o mundo tem dúvida, inclusive você** – Édison Oliveira
965. **A dama do Bar Nevada** – Sergio Faraco
966. **O Smurf Repórter** – Peyo
967. **O Bebê Smurf** – Peyo
968. **Maigret e os flamengos** – Simenon
969. **O psicopata americano** – Bret Easton Ellis
970. **Ensaios de amor** – Alain de Botton
971. **O grande Gatsby** – F. Scott Fitzgerald
972. **Por que não sou cristão** – Bertrand Russell
973. **A Casa Torta** – Agatha Christie
974. **Encontro com a morte** – Agatha Christie
975(23). **Rimbaud** – Jean-Baptiste Baronian
976. **Cartas na rua** – Bukowski
977. **Memória** – Jonathan K. Foster
978. **A abadia de Northanger** – Jane Austen
979. **As pernas de Úrsula** – Claudia Tajes
980. **Retrato inacabado** – Agatha Christie
981. **Solanin (1)** – Inio Asano
982. **Solanin (2)** – Inio Asano
983. **Aventuras de menino** – Mitsuru Adachi
984(16). **Fatos & mitos sobre sua alimentação** – Dr. Fernando Lucchese
985. **Teoria quântica** – John Polkinghorne
986. **O eterno marido** – Fiódor Dostoiévski
987. **Um safado em Dublin** – J. P. Donleavy
988. **Mirinha** – Dalton Trevisan
989. **Akhenaton e Nefertiti** – Carmen Seganfredo e A. S. Franchini
990. **On the Road – o manuscrito original** – Jack Kerouac
991. **Relatividade** – Russell Stannard
992. **Abaixo de zero** – Bret Easton Ellis
993(24). **Andy Warhol** – Mériam Korichi
994. **Maigret** – Simenon
995. **Os últimos casos de Miss Marple** – Agatha Christie
996. **Nico Demo** – Mauricio de Sousa
997. **Maigret e a mulher do ladrão** – Simenon
998. **Rousseau** – Robert Wokler
999. **Noite sem fim** – Agatha Christie
1000. **Diários de Andy Warhol (1)** – Editado por Pat Hackett
1001. **Diários de Andy Warhol (2)** – Editado por Pat Hackett
1002. **Cartier-Bresson: o olhar do século** – Pierre Assouline
1003. **As melhores histórias da mitologia: vol. 1** – A.S. Franchini e Carmen Seganfredo
1004. **As melhores histórias da mitologia: vol. 2** – A.S. Franchini e Carmen Seganfredo
1005. **Assassinato no beco** – Agatha Christie
1006. **Convite para um homicídio** – Agatha Christie
1007. **Um fracasso de Maigret** – Simenon
1008. **História da vida** – Michael J. Benton
1009. **Jung** – Anthony Stevens
1010. **Arsène Lupin, ladrão de casaca** – Maurice Leblanc
1011. **Dublinenses** – James Joyce
1012. **120 tirinhas da Turma da Mônica** – Mauricio de Sousa
1013. **Antologia poética** – Fernando Pessoa
1014. **A aventura de um cliente ilustre** *seguido de* **O último adeus de Sherlock Holmes** – Sir Arthur Conan Doyle
1015. **Cenas de Nova York** – Jack Kerouac
1016. **A corista** – Anton Tchékhov
1017. **O diabo** – Leon Tolstói
1018. **Fábulas chinesas** – Sérgio Capparelli e Márcia Schmaltz
1019. **O gato do Brasil** – Sir Arthur Conan Doyle
1020. **Missa do Galo** – Machado de Assis
1021. **O mistério de Marie Rogêt** – Edgar Allan Poe
1022. **A mulher mais linda da cidade** – Bukowski
1023. **O retrato** – Nicolai Gogol
1024. **O conflito** – Agatha Christie
1025. **Os primeiros casos de Poirot** – Agatha Christie
1026. **Maigret e o cliente de sábado** – Simenon
1027(25). **Beethoven** – Bernard Fauconnier
1028. **Platão** – Julia Annas
1029. **Cleo e Daniel** – Roberto Freire
1030. **Til** – José de Alencar
1031. **Viagens na minha terra** – Almeida Garrett
1032. **Profissões para mulheres e outros artigos feministas** – Virginia Woolf
1033. **Mrs. Dalloway** – Virginia Woolf
1034. **O cão da morte** – Agatha Christie
1035. **Tragédia em três atos** – Agatha Christie
1036. **Maigret hesita** – Simenon
1037. **O fantasma da Ópera** – Gaston Leroux
1038. **Evolução** – Brian e Deborah Charlesworth
1039. **Medida por medida** – Shakespeare
1040. **Razão e sentimento** – Jane Austen
1041. **A obra-prima ignorada** *seguido de* **Um episódio durante o Terror** – Balzac
1042. **A fugitiva** – Anaïs Nin
1043. **As grandes histórias da mitologia greco-romana** – C. S. Franchini
1044. **O corno de si mesmo & outras historietas** – Marquês de Sade
1045. **Da felicidade** *seguido de* **Da vida retirada** – Sêneca
1046. **O horror em Red Hook e outras histórias** – H. P. Lovecraft
1047. **Noite em claro** – Martha Medeiros
1048. **Poemas clássicos chineses** – Li Bai, Du Fu e Wang Wei
1049. **A terceira moça** – Agatha Christie
1050. **Um destino ignorado** – Agatha Christie
1051(26). **Buda** – Sophie Royer
1052. **Guerra fria** – Robert J. McMahon
1053. **Simons's Cat: as aventuras de um gato travesso e comilão – vol. 1** – Simon Tofield
1054. **Simons's Cat: as aventuras de um gato travesso e comilão – vol. 2** – Simon Tofield
1055. **Só as mulheres e as baratas sobreviverão** – Claudia Tajes
1056. **Maigret e o ministro** – Simenon
1057. **Pré-história** – Chris Gosden
1058. **Pintou sujeira!** – Mauricio de Sousa
1059. **Contos da mamãe gansa** – Charles Perrault
1060. **A interpretação dos sonhos: vol. 1** – Freud
1061. **A interpretação dos sonhos: vol. 2** – Freud
1062. **Frufru, Rataplã, Dolores** – Dalton Trevisan